财务报告目的评估

理论与准则

CAIWU BAOGAO MUDI PINGGU
LILUN YU ZHUNZE

陈明海 / 著

中国财经出版传媒集团

经济科学出版社
Economic Science Press

图书在版编目（CIP）数据

财务报告目的评估理论与准则/陈明海著. —北京：
经济科学出版社，2018. 10
ISBN 978 - 7 - 5141 - 9894 - 2

Ⅰ. ①财… Ⅱ. ①陈… Ⅲ. ①会计报表 - 会计分析
Ⅳ. ①F231. 5

中国版本图书馆 CIP 数据核字（2018）第 242418 号

责任编辑：于海汛 陈 晨
责任校对：郑淑艳
责任印制：李 鹏

财务报告目的评估理论与准则

陈明海 著

经济科学出版社出版、发行 新华书店经销
社址：北京市海淀区阜成路甲 28 号 邮编：100142
总编部电话：010 - 88191217 发行部电话：010 - 88191522
网址：www. esp. com. cn
电子邮件：esp@ esp. com. cn
天猫网店：经济科学出版社旗舰店
网址：http：//jjkxcbs. tmall. com
北京财经印刷厂印装
710 × 1000 16 开 11. 25 印张 160000 字
2018 年 10 月第 1 版 2018 年 10 月第 1 次印刷
ISBN 978 - 7 - 5141 - 9894 - 2 定价：36. 00 元
（图书出现印装问题，本社负责调换。电话：010 - 88191510）
（版权所有 侵权必究 打击盗版 举报热线：010 - 88191661
QQ：2242791300 营销中心电话：010 - 88191537
电子邮箱：dbts@ esp. com. cn）

前　言

　　传统会计计量模式逐步转为以提供决策有用财务信息为目的的公允价值计量模式后，围绕提供高质量会计信息这一目标的实现，评估一直在积极发挥作用。会计在生成会计信息时，需要对相关资源的价值作出判断。出于对成本和效率的考虑，通常需要评估提供专业服务，利用评估的专业优势合理发现价值。会计对评估的价值结论进行分析、确认，在会计信息中加以利用。此外，公允价值审计过程中，评估也作为专家为审计程序提供相应的服务。财务报告目的评估正是出于这种目的逐步兴起的。

　　2006 年，我国发布新的会计准则，其中一个重大的特点就是引入公允价值计量，由此引发了财务报告目的评估在我国的发展。随着上市公司对公允价值计量模式逐渐广泛的采用，财务报告目的评估随之发展并逐渐成为我国资产评估行业的重要业务。

　　中国资产评估协会一直秉承国际视角，引领中国资产评估行业融入国际评估大家庭。1996 年加入国际评估准则委员会后，中国资产评估协会不断向国内资产评估行业传送国际评估理论、业务和准则的最近发展动态。2004 年国际评估准则委员会修订财务报告目的评估准则时，国际评估界展开了热烈的讨论。中国资产评估协会也敏锐地观察到公允价值计量已经成为国际财务报告规则发展的重要趋势，中国市场必然无法脱离这一趋势，在中国会计准则尚未引入公允价值计量的情况下，毅然开展了财务报告目的评估的研究工作，着手为中国会计准则引入公允价值计量做好技术支持准备。

　　这些工作，包括相关的理论研究和实务探讨，包括加强与国内会计、审计界的协调，包括组织召开评估、会计、审计专业共同参与的财务报告目的评估论坛，也包括根据公允价值相关会计准则进展积极开展的财务报告目的评估准则研究制定工作。这些工作，为中国资产评估行业在新会计准则实施后，较快跟进服务提供了非常坚实的基础。

但多年过去了，财务报告目的评估领域，体现了实践先行、理论停滞的特征。其原因，一方面是因为在国外主要评估市场中，财务报告目的评估主要由会计师事务所或咨询机构承担，这些机构并不是将这类业务定义为资产评估业务；另一方面是因为国内的财务报告目的评估业务虽然主要由资产评估行业承担，但会计准则中并没有对执业主体予以明确，资产评估行业的财务报告目的评估业务师出无名。

不过，财务报告目的评估业务毕竟是资产评估行业的重要业务领域，已经在一些评估机构的业务收入中占较大比例。深入研究财务报告目的评估业务理论、技术和准则，夯实理论基础、理清技术思路、完善准则体系，已经是保证此类业务健康发展和实现提升的必要举措。本书试图在分析国内外理论、实践、准则的基础上，对财务报告目的评估业务进行重新认识。

本书内容是我在博士学习期间相关研究的继续。陈工教授和纪益成教授对这一研究内容进行了悉心指导。我的博士同学张文宪先生提供了无私帮助。陈少瑜等行业专家提供了技术支持。在我多年后重新开展这项研究后，中国资产评估协会张国春秘书长、韩立英副秘书长、张建刚副秘书长等领导和同事对我在日常工作之余开展研究提供了积极鼓励和大力支持，使我有精力和勇气去完成本书的研究和写作。在此，向各位老师、领导、同学、专家和同事的关心和帮助表示衷心感谢！

实践是认识的基础。对财务报告目的评估的认识，是以实践的发展为前提的。近年我国财务报告目的评估业务的蓬勃发展，是我重新开展这项研究的动力。但毕竟这项业务的发展没有坚实的法规基础，执业的主体、客体、标准都存在多样性和不确定性。因此，书中的内容和观点肯定有许多不妥之处，敬请读者批评指正。

2018 年 10 月

目　录

第一章

第一章　导　　论

第一节　问题的提出

财务报告目的评估是指评估师运用专业知识，执行与财务报告中公允价值计量相关的业务，发表专业意见的行为和过程。近年来，会计计量逐渐从原始数据的分配演化成数据的创造和分配，公允价值在会计准则中的地位迅速上升。这引发国际范围内财务报告目的评估业务逐渐成为评估行业服务市场的重要组成部分，财务报告目的评估研究越来越受到关注。

一、国际上公允价值在会计计量中的地位日益上升

"公允价值近十年来一直是一个国际性热点问题，大量运用公允价值进行计量和报告已经成为 20 世纪末和 21 世纪初会计及其他许多计量性经济学科领域（如经济、金融、保险、精算、投资、财务、审计、企业管理、资产评估、资信评估、价值分析等）发展的重要特征。"[1]

---

[1]　谢诗芬. 会计计量的现值研究［M］. 成都：西南财经大学出版社，2001.

鉴于公允价值在提高会计信息相关性方面的突出作用，近年来，会计计量的公允价值模式（fair value model）得到越来越多会计准则制定者的认同。国际会计准则是公允价值计量属性的积极倡导者，多年来在公允价值引入方面做了大量努力。国际会计准则委员会从 20 世纪 80 年代初开始使用公允价值概念，2006 年版国际会计准则中对公允价值的运用更是达到了 20 项。2011 年正式发布《国际财务报告准则——公允价值计量》（IFRS 13）。国际会计准则的这一发展趋势得到了许多国家的响应，准则制定者和理论界对于公允价值在增强会计信息相关性方面的作用认识越来越清晰，许多国家的会计准则越来越多地引入公允价值概念。美国财务报告准则委员会（FASB）从 1990 年 3 月到 2002 年 10 月公布的 43 份财务会计准则公告（SFAS）中，70% 以上直接涉及公允价值。2006 年，FASB 发布《公允价值计量》（SFAS 157），将世界范围内的公允价值计量推向高潮。欧盟已经要求 2005 年以后编制的财务报告必须遵守国际会计准则，我国香港地区也于 2005 年 1 月 1 日全面采用国际会计准则。在我国，公允价值在 1998 年出现于非货币性交易、债务重组等具体会计准则中，后因实际运行中出现很多公司滥用公允价值操纵利润的情况，而在 2001 年修订后的准则中被取消了。财政部于 2006 年 2 月 15 日出台了新会计准则体系，将公允价值重新引入，并规定于 2007 年 1 月 1 日起在上市公司施行。

二、财务报告目的评估业务增长迅速

公允价值在会计准则中的应用，有助于财务报告反映报告主体的较真实财务状况。而如何确认报表项目的公允价值，是财务报告工作中不可回避的问题。当前计量属性的变化趋势使会计与评估的关系变得紧密。国际评估准则委员会察觉国际会计准则在公允价值方面的动态后，一直致力于说服国际会计准则委员会在公允价值估算的制度安排上运用评估专业服务。2004~2007 年国际评估准则委员会发布的新闻动态可以看出，国际评估准则委员会和国际会计准则委员会近年保持了密切的沟通。国际上评估界与会计界的合作正进入有史以来最好的时期。国际会计准则委员会的相关会议总会邀请国际评估准则委员会的专业人员参加，评估界的声音开始在会计界得到重视。评估行业凭借其在价值发现方面具有的专业优势正更加深入地介入会计计量，为会计界提供专业服务。通常的做法是评估师对财务报告相关项目提供专业的价值意见，作为会计师确定公允价值的方式之一，这种以帮助会计确定公允价值的评估业务正在国际上快速发展。

为更好地服务于会计记账和与财务报告有关的其他活动，规范这类与会计有关的评估业务，国际评估准则委员会专门制定了一项准则，名称是"财务报告目的评估应用指南"。从此，与会计中公允价值估算有关的评估业务被统一称为"财务报告目的评估业务"。

三、仍然存在妨碍实务发展的问题

财务报告目的评估涉及评估和会计两个行业。但评估与会计毕竟是两个不同的行业，各自有特定的技术、方法，运用评估技术形成的价值结论能否为会计所用，评估的价值类型如何转化为会计的公允价值，这些问题在财务报告目的评估业务快速发展的情况下却被忽略。

（一）价值类型对接生硬

根据评估的基本原理，评估师的专业意见是特定的价值类型，具有严格的前提，评估师的价值意见与会计中的公允价值如何对接，会计师在确定公允价值时能否对评估结论直接引用，这个问题一直未有深入研究。国际上，国际评估准则委员会在这方面的研究也稍显不足，在较广泛适用的市场价值与财务中公允价值的对接方面，没有明确的结论。而开展财务报告目的评估业务，价值类型等问题不可回避。这些问题将是会计与评估合作必须解决的问题。研究财务报告目的评估，有助于评估结论在会计中的应用，有助于提高我国会计信息的相关性。

（二）执业责任尚未理清

财务报告目的评估业务涉及评估师、会计师、审计师，三方的责任如何界定，目前没有明确的说法。

（三）评估技术有待细化

财务报告目的评估中，服务的是会计计量，评估对象与评估行业熟知的交易目的评估有很大不同，评估技术的运用受会计准则相关规定的约束。因此，财务报告目的评估中的评估技术运用有特殊要求。减值测试等常见业务中的评估对象，价值影响因素复杂，对评估技术的运用也较高。

四、我国新的会计准则实施对财务报告目的评估研究有需求

在我国，随着企业改制高潮的逐渐低落，靠企业改制评估起家并随之发展起来的中国资产评估行业，改制业务量正大量萎缩，开拓新的业务领域已是全行业迫在眉睫的事。

随着国际上公允价值的推行，为促进和适应会计信息国际一致性，公允价值的地位在我国会计准则中日渐重要。财政部 2006 年 2 月 15 日发布的"1 + 38"项准则中（指基本准则和 38 项具体准则），一改 2000 年以来的模糊态度，对公允价值青睐有加，明确提及公允价值的有 30 项，这说明我国的会计准则在增强会计信息相关性方面开始进行努力。我国会计准则对公允价值的运用为评估行业开展财务报告目的评估业务提供了机会，财务报告目的评估业务在我国正逐步成为评估行业新的业务增长点。2014 年，发布了《企业会计准则——公允价值计量》。目前，我国企业会计准则在《企业会计准则——收入》《企业合并》《债务重组》《投资性房地产》《金融工具确认与计量》等准则中对公允价值的运用作出了规定。

实务中，随着企业并购重组行为的升温，企业并购后的合并对价分摊、无形资产减值测试、商誉减值测试等业务大量出现，为资产评估行业

提供了大量的服务空间。在这一背景下，研究财务报告目的评估，使会计与评估顺利对接，对于我国开展财务报告目的评估业务，促进财务报告质量的提高有重要意义。

第二节　国内外研究现状

由于公允价值在会计准则中的实质运用是 2004 年以后开始的，而且目前仅在会计业务的少数领域应用，如金融工具、企业合并、减值测试、人力资本、股票期权等，因此，长期以传统不动产评估为主要业务的国际评估界对以提供公允价值参考意见为主要目标的评估没有给予足够重视，即使在国际评估界与国际会计界沟通日益紧密、加紧进行制度安排的时候，评估界对此类业务研究仍然不算深入、系统，研究讨论表面的内容较多。总体来看，在评估参与会计计量还没有得到会计准则、监管法规认可的情况下，国际评估界对这一业务的研究注重的是"做什么，如何做"，而不是真正的系统研究，比较强调实用性。

正是由于这种情况，在财务报告目的评估研究中，形成的研究文献非常少，无法进行综合评述。本书只能对国内外对财务报告目的评估业务中制度安排的讨论和相关业务准则的制定工作作一简要分析和评价。

一、对评估参与公允价值计量的研究

近年来，国际评估界与国际会计界围绕评估参与公允价值计量进行沟通，在这些沟通的背后，评估界对相关问题进行了许多研究。

2006 年 4 月，国际评估准则委员会支持波兰评估学会召开了一次小型国际研讨会，不同国家评估界和会计界的专业人士参加，专门讨论财务报告目的评估业务，研究评估如何参与公允价值计量问题。但从会后的反映来看，这次会议没有明显成果，国际评估准则委员会只是在 2006 年春

季会议上发表了一份新闻公告，没有披露讨论结果。

2006 年 3 月，中国资产评估协会在北京召开"国际会计准则对资产评估与财务报表影响研讨会"，相关监管部门、评估执业者、审计机构、企业等方面出席，对评估行业面临的形势进行分析，对跨行业协调方面的事情进行讨论。当时我国的新版会计准则刚刚发布，会计准则中对评估的地位也没有明确，研讨会的目的更多是研究国际上的做法，营造一种评估与会计合作的气氛，涉及的技术问题很少。

在国际评估准则委员会近几年的年会上，对国际会计准则委员会正在制定的项目中有关公允价值的内容进行过多次讨论，分析评估在其中发挥作用的可能。这些讨论的意见基本都是加大与会计准则制定组织的协调，通过介绍评估的专业属性，争取会计准则对评估的认可。我国评估界也与会计界进行了卓有成效的沟通，在会计准则中为评估预留了很大空间。

但是，评估参与会计计量的主要障碍是评估技术形成的价值结论能否满足会计计量的需要。在与会计界的沟通中，应当更多地从技术层面进行沟通，让会计界了解评估技术的运用，了解方法的科学性和价值结论的合理性，使会计界形成一种评估可信的意识，产生对评估的主动需求。但上述国际、国内的协调更多的是制度层面的协调，很大程度上是一种试图在会计准则中和其他监管制度中确立评估的地位，使会计对评估产生被动需求的行为。这种做法现在看来收效不明显，会计界的做法显然没有按照评估界的思路进行，在公允价值估算的几个层次中，估值技术仍是次优选择，这在程序上把评估放在了次要地位，使评估参与会计计量遇到一定障碍。

在研究公允价值计量的过程中，也涉及公允价值的估值技术问题，但这些研究对方法的关注比对结论内涵的关注多，或将方法与结论的可靠性联系在一起，没有从结论的经济实质着手。例如，郑炳南、刘永清认为[①]：成本

---

① 郑炳南，刘永清. 论资产评估结果——关于公允市价、价值、价格的思考 [J]. 暨南学报，2000（22）：3.

法没有考虑生产者的正常利润，评估出来的重置成本不是公允价值；收益法中折现率的选择由于交易双方考虑角度不同可能有所差异，并因此影响评估结果的性质。只有在双方意愿一致且评估所选择折现率可以反映此意愿的情况下，评估结果才是公允价值，否则不是公允价值。市场法的评估结果，如果是活跃市场，评估结果可以称公允价值，反之则不一定是公允价值。笔者认为这一分析值得商榷。一是成本法思路下，应当能反映出利润因素；二是收益法中折现率的选择在价值类型已经确定的情况下不存在交易双方偏好的问题；三是市场法的评估结果也不应当受市场活跃与否的影响，不活跃的情况下可能根本就不使用市场法，即使条件允许，使用了市场法，评估时也会对参数做相应调整，因此评估结果不因市场是否活跃而产生质的差别。因此，评估方法不是影响评估结论公允性的因素。

二、评估准则的研究

评估准则是反映评估理论和实务，并将二者有机结合的专业载体。一个国家评估准则的完善程度，可以反映该国评估理论的研究进度和评估实践的开展情况。因此，对于财务报告目的评估来说，相关评估准则的制定情况可以体现对这一类型评估的研究状况。

国际上影响较大的评估准则中，只有少数几个准则如国际评估准则和欧洲评估准则中单独制定了财务报告目的评估准则。这也显示了国际评估界对财务报告目的评估研究的欠缺。

国际评估准则对财务报告目的评估的关注具有较长的历史。国际评估准则中单独设有"国际评估应用指南 1：财务报告目的评估"。多个版本的国际评估应用指南 1 基本框架包括引言、应用范围、定义、与会计准则的关系、运用、讨论、披露要求、背离条款、生效日。这一准则的优点，一是明确指出国际会计标准（IAS 16、IAS 40、IAS 17），国际财务报告准则（IFRS 3、IFRS 5）中的公允价值是市场价值。这是在特定资产方面作出的正确表态。二是对评估师与其他相关方的关系作出了尝试性规定。如

5.13 指出需要与审计师配合。"首次获得业务时，评估师应当与企业审计师讨论并解释其评估结论。"三是对评估频率提出建议。6.5 对财务报告目的评估业务实施频率做出了规定，但遗憾的是，国际评估准则委员会没有从评估专业角度根据评估结论的时效性做出规定，而是引用了 IAS 16 的规定。不过这已经是一个很大的创新了。但这一准则结构散乱，没有系统性。另外准则中对价值类型的对接没有明确，只是说公允价值并不必然与市场价值是同义词。它在国际会计准则中有不同的使用背景。这种叙述实际是对市场价值与公允价值关系认识不清楚的表现，是在评估价值类型与公允价值没有接轨前推出应急项目时的无奈选择。时至今日，国际评估准则委员会也未能在这一点上有更大的动作。

欧洲评估准则中也有专门的准则规范财务报告目的评估业务。包括背景、资产分类、前后一贯的价值类型选择、定义、土地和建筑物的分摊、披露要求、根据欧洲宪法第 91/647/EEC 所采用的方法、特殊资产。其优点是对公允价值和市场价值关系的谨慎判断，有了正确的方向，抓住了此类业务的实质。如，S 5.06 指出："公允价值一词，如果按照欧盟的推荐进行广泛运用，在财务报告方面可以替代市场价值。"但这一准则的不足是主要针对不动产，同时画蛇添足地提出了由四种价值类型对应公允价值。这显示欧洲评估准则也没有真正解决评估与会计的对接问题。

英国皇家特许测量师学会制定的准则对财务报告也有较多关注，后期追随国际评估准则。在英国国内评估准则中则继续充实和完善财务报告目的评估准则。

我国资产评估准则体系中，对财务报告目的评估准则有较多关注。设置了专门的财务报告目的评估准则框架。至今已经发布财务报告目的评估指南和投资性房地产评估指导意见。我国的资产评估准则中，对财务报告目的评估业务有总体的指导，但对于目前开展较多的减值测试业务、合并对价分摊业务、金融工具计量业务等的关注不足。

总之，对财务报告目的评估的研究，目前国内外都停留在很表面的层次，对实务的指导有些落后。实务中也是得过且过的做法，没有推动理论研究的开展。这一状况的存在使得本书的研究有了许多现实意义和理论意义。

第三节　研究范围、研究目的、研究方法和结构安排

本书根据实践需求确立研究目的，并结合研究目的合理确定研究范围、思路和文章结构，力图形成有机的论述。

一、研究目的与范围

通过研究，分析在公允价值估算过程中评估行业的作用，明确财务报告目的评估的技术途径、价值类型等特点，为财务报告目的评估提供理论、准则和技术支持。

研究范围包括财务报告目的评估的理论基础和主要实务，以及为规范此类评估所需的制度安排。

二、研究方法与思路

本书主要通过文献调查法、比较分析法等方法开展研究。通过收集、调查相关文献，了解目前财务报告目的评估领域的研究状况，把握最新的趋势，在综合研究的基础上寻找创新和突破点。通过对所获得资料和评估准则的比较分析，进一步深刻理解财务报告目的评估理论与准则方面的特点和不足。此外，通过尽可能开展实地业务调研法和实践数据定性和定量分析，对理论、准则与实践的结合度进行判断。

在基本的专业思路上，主要通过对会计中公允价值经济内涵和评估中价值类型经济内涵的分析，找出与公允价值对应的评估价值类型。通过对

公允价值内涵和评估师技术优势的分析，指出评估结论是公允价值的较好取得途径，继而指出评估可以为会计中公允价值的估算提供服务。以此作为会计与评估的结合点，分析我国会计准则中需要评估参与确定公允价值的情形，分析相关评估业务。在此基础上提出规范此类评估的相关制度建议。

三、结构安排

本书主体共分六部分。

第一章导论，介绍本书的研究背景、思路、创新和不足。

第二章财务报告目的评估的产生原因、特征和前景分析，介绍财务报告目的评估的产生原因、特征、现状和在我国的发展前景，指出研究这一问题的重要性，并结合评估师自身专业属性分析评估师执行此项业务的可行性。

第三章财务报告目的评估的理论问题分析，介绍财务报告目的评估的理论基础和业务要素，并对困扰评估界和会计界的价值类型对接问题进行分析。从评估价值类型的经济实质入手，得出了市场价值与公允价值对接的结论。

第四章我国财务报告目的评估的实务探讨，介绍典型业务的操作。分析了固定资产减值测试、收购价格分配及商誉减值测试和权证评估等不同实务。结合境外的实务对我国的财务报告目的评估实务进行探索性分析。

第五章财务报告目的评估执业准则研究，对国内外主要评估准则体系中的财务报告目的评估准则进行研究分析，探究其产生和发展背景，了解其特点和规律，从而对我国财务报告目的评估准则框架的完善提供借鉴。

第六章规范发展我国财务报告目的评估的建议，以前瞻性的眼光，对财务报告目的评估的规范化进行分析并提出建议，包括各部门协同配合的建议，评估准则制定的建议等。

第四节 研 究 意 义

正像前面研究背景中提到的，2007 年 1 月 1 日，我国在上市公司中采用新发布的会计准则。新会计准则的运用，公允价值的估算是一个不可回避的难题。

国际会计准则公允价值计量准则和美国的公允价值计量准则中，有多种途径确定公允价值，估值技术是其中之一。这为评估行业的财务报告目的评估提供了依据。在我国，会计准则中没有涉及公允价值估算的估值技术由谁来实施，没有为评估行业提供公允价值意见设置任何依据，我国资产评估行业执行财务报告目的评估尚没有制度方面的保障。但会计准则不明确公允价值的估算途径的做法，也为评估行业参与公允价值的估算制造了可能，至少没有把路堵死。在这种情况下，如果评估行业不早做研究，可能会最终失掉这一业务领域。

公允价值的运用，虽然是很长时间的研究过程，但在会计准则中如此迅速的蔓延，是会计界、评估界没有预料到的。在我国，会计界和评估界都没有为公允价值的计量做好充分准备。为适应这一变动，保证会计信息和会计工作不因这一规定受到较大冲击，会计行业也在加紧研究公允价值的估算途径。此时，评估行业研究财务报告目的评估，提出评估参与公允价值估算的理由，为评估行业提供公允价值意见提供支持和建议，具有较现实的意义。

第五节 创 新 与 不 足

本书的研究中，在力争严密、全面的同时，注意进行创新，但也存在一些不足。

一、本书的创新

本书的主要创新之处可能包括：

（1）找到了与公允价值相匹配的评估价值类型。书中得出了市场价值与公允价值匹配的结论，这一结论为财务报告目的评估扫清了障碍，使评估结论的价值类型特色在此类评估中得以彰显。

（2）对建立财务报告目的评估业务监管制度提出建议。书中对从会计准则、评估准则、相关监管文件中构建评估业务监管体系提出了建议，对相关责任进行建议性划分。书中对公允价值估算过程中会计师、审计师和评估师的责任进行研究，对各自应当承担的会计责任、审计责任和评估责任进行阐述。

（3）对典型评估业务的具体做法结合评估价值类型进行探讨。

实务中注重于做，而对评估结论的价值类型没有表述，可以说是糊里糊涂评估、糊里糊涂使用。本书首次尝试对财务报告目的评估业务进行梳理，列出清晰思路。

二、本书的不足

由于财务报告目的评估业务开展历史较短，实践经验毕竟很少，可供总结的做法很少，实践对理论研究的修正作用不能很好地发挥，因此书中的理论研究在实践数据支持方面尚显薄弱。此外，对会计师、审计师和评估师责任的划分，理论成分较多，可能受到会计准则、相关监管制度设计思路的影响。

第二章

财务报告目的评估的产生
原因、特征和前景分析

第一节　财务报告目的评估的产生原因分析

评估作为一种价值发现和价值尺度机制，从其产生以来，就服务于不同的经济领域和经济行为。当会计计量中引入公允价值后，会计开始成为评估行业的新的服务对象，财务报告目的评估开始产生。

一、经济发展对会计计量的新要求

（一）会计计量简介

会计作为企业间贸易、交往的媒介，是一门国际通用的商业语言，所起的中介作用十分重要。现代会计就是提供确认对象以货币形式计量的信息，并利用该信息对确认对象进行反映和控制。这就要求现代会计在定性确认的基础上，还需要会计计量来进行货币量化。

美国著名的会计学家井尻雄士在他的著作《会计计量理论》中指

出："会计的灵魂在于会计计量，会计计量是会计核算的核心问题"。所谓的会计计量：是指针对会计对象的内在数量关系进行衡量、计算和确定，将其转化为以货币表现的财务信息和其他信息，以综合反映企业的财务状况、经营成果和现金流动状况，也即完成了在资产负债表、利润表与现金流量表中确认和计量有关财务报表要素，并确定其货币金额的过程。

历史成本计量是传统会计计量的核心，在强调收益计量且相对稳定的传统会计环境中，历史成本因其可靠性、客观性、可验证性和有利于反映资产经管责任履行情况的优势而被广为推崇。

（二）传统会计计量模式面临挑战

传统会计计量主要以历史成本为主，注重可靠性，主要关注损益表，关注交易及其对收益的影响，配比原则和谨慎原则很重要，集中于对收入的确认，资产负债表更多体现剩余数，主要反映受托人责任履行情况。

随着资本市场的发展，企业所有权与经营权的分离，所有权的高度分散，投资者更关心的不是受托责任，因为他们可以随时通过资本市场实现所有权的转移，他们关心的是管理当局是否提供了对他们决策有用的信息。这样会计的目标就由报告受托责任发展为提供决策有用的信息。这种情况下，对会计信息相关性的要求超过可靠性的要求，会计方法的关注点由收益转向资产和负债的初始确认、初始计量、后续计量和终止确认，历史成本报表的相关性受到质疑。

为了提供对决策更为有用的信息，会计计量一直在不断改革，会计的计量属性由单一的历史成本发展到以历史成本为主的多重计量属性并存。

二、公允价值的引入成为必然

在种种挑战的压力下，公允价值会计浮出了水面。公允价值就其本质来说是一种更公认的市场价值或是现行价值的一种特殊形式。

"公允价值"作为一个全新的计量属性概念，主要发端于 20 世纪 80 年代美国证券交易管理委员会与金融界之间关于金融工具尤其是衍生金融工具确认、计量的争论。但自美国财务会计准则委员会（FASB）打破 20 世纪 80 年代的沉默，于 1990 年以来发布了一系列的涉及确认与计量以及现值技术应用问题的财务会计准则概念公告后，特别是正式发表了第 7 辑概念公告《在会计计量中使用现金流量信息和现值》后，在国际国内都掀起了一股"公允价值会计计量模式"的旋风。

公允价值的引入有其必然性。随着财务会计确认范围的扩大，"纯粹"的历史成本模式已无法客观、公允地反映出被计量对象的价值。对比以成本为基础的历史成本会计，以价值为基础的公允价值会计更符合逻辑性。从有用性角度而言，它能给投资者和使用者更有意义的信息。对人力资源会计、环境会计应用公允价值计量，同样能比历史成本法获得更具相关性，更有助于提供信息使用者决策的信息。大量无形资产、衍生金融工具等"非传统"资产的出现，必然会为公允价值的运用提供更大的舞台。金融业的发展，金融工具的推陈出新，为公允价值会计发挥主导作用创造了客观环境。随着电脑技术突飞猛进的发展，随着理财学对金融工具计量模型研究的日臻完善，公允价值会计在技术上是可行的。因此，公允价值在会计中的引入和广泛使用是必然的。

三、公允价值计量模式下对估值技术的需求

公允价值计量模式的本质特征就是在财务报告中反映相关项目的市场信息，使财务报告更加准确地反映企业的真实价值。而相关项目公允价值的估算，需要根据需求更新其公允价值信息。与历史成本不同，公允价值的信息在记账日没有现成的已经形成的信息，需要收集市场数据、运用估值技术进行确定。

在这一背景下，具有估值专业优势的评估行业发现了新的用武之地。在公允价值引入的早期研究阶段，敏感的国际评估界就已经开始与会计界

沟通，为评估行业参与公允价值计量铺设道路，开拓财务报告目的评估。随着公允价值在会计准则中地位的上升，财务报告目的评估有了广阔的发展空间。

第二节　财务报告目的评估的基本特征分析

财务报告目的评估是指财务报告或相关财务报告项目需要以公允价值反映时，评估师执行的与确定相关会计项目公允价值相关的评估。财务报告目的评估，对于评估行业大多数人来说都是个新鲜的名词。不仅在中国，即使在英美国家，财务报告目的评估在这三四十年来也是一个刚刚发展的领域，有许多理论和概念性的内容需要进一步澄清。

一、对财务报告目的评估的基本认识

对财务报告目的评估的认识是一个逐步完善、逐步清晰的过程。1993年，中国资产评估协会成立时，出席成立大会的杨纪婉教授反复提到：良好发展的评估对提高会计信息的真实性、有用性十分重要。美国《专业评估执业统一准则》和《国际评估准则》中所有有关评估的章节都提到了会计。在与美国、英国评估师的交往中，也可以感受到他们对会计与评估结合的重视。总之，在评估行业的起步、与国际的交流、对国际经验的借鉴过程中，我们可以感觉到国际上对评估与会计结合的重视。我国评估行业也逐步认识到将评估与会计结合在一起的重要性，对财务报告目的评估业务的开拓越来越关注。这种重视和关注，促使我们对财务报告目的评估进行全面分析。

（一）以评估目的为基准的分类方式

通常，评估业务的假设前提是权益（包括资产权益和企业权益）的交

易。在我国，以交易为前提的评估业务一直是主要业务。但在一些评估行业发展较早、市场经济体制较完善的国家，评估的作用却远不体现在为交易服务上。评估行业的作用会更多地体现在非交易前提下。如为会计工作提供公允价值的专业意见，为银行抵押贷款业务中确定抵押物价值提供专业意见，为税收管理活动中确定课税对象的纳税基础提供专业意见等。事实上，在西方评估行业的产生也缘于征税的需要。根据上述分析，我们可以将评估业务以评估目的进行列举式分类：

（1）以产权交易为目的的评估业务。

（2）抵押贷款评估业务。

（3）税基评估业务。

（4）以工商注册为目的的评估业务。

（5）以确定诉讼标的价值为目的的评估业务。

（6）财务报告目的评估业务。

（7）其他目的的评估业务。

除交易目的以外的评估业务，正是我国逐步成熟的评估行业未来的业务拓展空间。目前中国资产评估协会也正积极与相关监管部门和报告使用者协调，为这些业务的发展做出努力。国际会计准则的影响带动评估的发展，对学术、实务影响扩大。欧洲、中国香港、澳大利亚等国家和地区2005年实质性应用国际会计准则促进了这一评估业务的快速发展。各国（地区）评估师和行业协会积极与会计界沟通，探讨财务报告目的评估，使得这一类型的评估不再是学术概念，而是开始在实践中体现。

（二）财务报告目的的界限

财务报告目的评估服务于会计计量，但并不是全部服务于会计计量的评估都是财务报告目的评估。

以我国评估行业的情况为例。我国评估行业产生以来，在诸多业务中，也有许多涉及会计的业务。如：

（1）适应外资进入、中外合资等类型企业的出现，中方投资的如国有土地、企业原有的设备作价入股时进行的评估。可以看出,资产评估的最初需要是新企业的产权计价,而产权计价一直是会计计量的一部分。显然,资产评估与会计工作一开始就有密切的关系。

(2)按照《公司法》及相关法律法规的要求,新公司设立时,投资方以非货币资产投资应当进行评估,并以评估结果为依据,确定投资数额。在财务处理上,资产评估结果是公司会计入账的重要依据。

(3)在企业联合、兼并、重组等产权变动过程中,被吸收方资产在新设立企业中的入账价值,需要进行评估,评估结论是产权变动后企业重新建账、调账的重要依据。

这些与会计有关的评估业务,虽然早已开展,但根据评估界对财务报告目的评估内涵的把握,这些评估业务不属于财务报告目的评估业务。因为,从其性质上来看仍然是在会计的历史成本计量模式下参与某些初始计量工作,与公允价值引入会计计量后产生的以确定公允价值为目的的评估业务有本质的区别。财务报告目的评估业务参与了会计中对资产和负债的后续计量以及最终确认。

二、与其他评估业务的区别

当提及财务报告目的评估时,我们已经自然地根据评估目的将评估进行了分类。除财务报告目的评估外,交易目的的评估和其他目的评估开展较早,有很好的理论基础和实践积累,这些类型的评估在基本概念和操作思路上已经与评估的基本理论和方法有了较好的融合,并通常被称为传统评估。而财务报告目的评估与这些传统评估相比,往往有很大区别。

1. 使用的概念不同

由于与会计的密切联系,这一评估业务中会出现许多会计用语,与传统评估术语有时会有差别。

2. 评估对象具有特殊性

财务报告目的评估中，评估对象是以最基本的现金产出单位①为主体；而传统的资产评估往往是以单项的资产或者企业的一个整体为评估对象。这种做法主要是适应会计信息相关性的目的，为财务报告使用者提供所需的决策信息。

3. 以持续经营为基本假设

评估假设是评估结论合理的前提条件。传统评估业务中，是以交易为基本假设，即假设资产用于交易时可能体现出来的价值。在财务报告目的评估业务中，则是体现了会计行业的部分属性，扩展了持续经营假设。

持续经营假设下，评估师需要以评估对象被企业拥有为前提，不考虑交易过程中的各种参数的调整，如所得税的调整。同时，在持续经营假设下，也不考虑偿付债务的安排，在参数选取时对债务利息也不予考虑。

4. 咨询性质明显

研究人员常说，评估是一门艺术。我们暂且不评价这一说法是否有道理，但当评估与会计计量相结合时，评估真正体现出了艺术本质。在财务报告目的评估中，评估的"过程合理性"适应了会计的"结论合理性"，二者有机地结合在一起。

会计计量相对要求精确，既会计准则要求不同会计人员对同一事项应当有相同的处理方式和结果。即使在引入公允价值计量以后，准确反映企业、资产的客观价值仍是会计人员追求的目标，人们仍然希望通过财务报告准确认识企业内在价值和资产的价值。但评估值从本质上说是一个专业判断过程，是一个通过规范程序形成专业意见的过程。由于评估结论是一个主观判断，因此可以有一个合理的区间范围，既不同评估师对于同一评估对象的价值可以有不同的判断，这些判断在一个合理的区间内，但不一定是同一个数值。

---

① 现金产出单位（cash generating）是指从持续使用中产生现金流入的最小的可辨认资产组合，而该资产组合的持续使用很大程度上独立于其他资产或资产组合。

财务报告目的评估中，会计与评估需要有机结合，"过程合理性"和"结论合理性"通过责任体系的划分得以实现。

5. 附加业务量大

最初，评估作为估值技术的一种，目的是确定资产的公允价值。但实务中，财务报告目的评估业务往往不局限于对公允价值发表意见，其附加业务量比公允价值评估大得多。

例如，在资产减值测试中，为确定资产的公允价值，往往以对资产在用价值的判断为前提，如果有明显迹象表明在用价值大于账面价值，则不需要进入公允价值评估环节。因此，评估师执行财务报告目的评估业务时，为了对公允价值发表意见，有时需要做许多铺垫性质的工作。

6. 特殊披露要求

传统的评估业务中，披露环节往往集中于评估结论的形成过程，如参数的选取，对评估情景的判断等。财务报告目的评估业务中，在集中披露公允价值形成过程的同时，需要相应披露业务前提、资产最佳用途的判断、资产组划分的原则和前后一致性等内容，甚至可以提出资产运用方面的建议。

无论会计准则和会计界态度如何，财务报告目的评估业务已经逐步开展，评估行业的专业优势逐步得到认可。但是与传统评估业务相比，财务报告目的评估业务毕竟有其独特之处，在评估方法的细节运用、评估工作范围的取舍和评估结论的披露等方面与传统评估业务有所不同。由于财务报告目的评估业务存在与传统评估业务不同的特点，在执行此类评估业务时，评估师需要跳出传统业务的固有思路，合理选取评估参数，正确运用专业判断，得出合理的评估结论。

第三节　财务报告目的评估国际现状分析

随着会计准则对公允价值日益重视，财务报告目的评估在国际范围内普遍开展。下面结合会计准则对公允价值的运用，分析国际范围内财务报告目的评估现状。

一、会计准则对公允价值的重视

国际会计准则理事会已经明确决策有用性是会计计量的目标，即会计计量的最终目的是为了向信息使用者提供有用的会计信息。由于公允价值计量在理论上及现实运用上有历史成本计量无法企及的地方①，2005 年以来国际会计准则中对公允价值的引用是前所未有的，许多准则项目开始提出公允价值概念。公允价值与历史成本相比，地位也上升，成为与历史成本同水平的一种可选择的模式，而不是次优选择。现在国际会计准则已经不再将历史成本模式作为基准方法。

国际会计准则对公允价值的运用得到了许多国家的认同，许多国家因此对国际会计准则推崇备至。欧盟、澳大利亚等国已经于 2005 年全面采用国际会计准则。

二、国际会计准则引发的评估业务需求

国际会计准则带来的业务需求主要来自以下方面：

1. 企业合并

国际财务报告准则第 3 号要求并购方在计量并购成本时使用公允价值。这里的公允价值指的是在交易时，对于既定的资产、假定的负债及并购方发行的权益类工具交换被并购方的控制权的价格，再加上可直接归因于合并交易的所有成本。同时，国际财务报告准则第 3 号要求在并购日，并购成本要用公允价值分配到被并购方的可确认的资产、负债和满足确认标准的或有负债，但为出售而持有的非流动资产除外。这类非流动资产应

---

① 周松. 会计计量的两难选择——公允价值和历史成本［J］. 财会月刊, 2004（8）.

按国际财务报告准则第 5 号的规定，以公允价值扣除销售费用来计量。在并购中如何确定所购买资产和负债的公允价值，即并购成本的分配及商誉的分摊，成为财务报告目的评估的服务领域。

2. 不动产、厂场和设备

国际会计准则第 16 号规定，对于不动产、厂场和设备可以采用成本减折旧和公允价值两种计量模式，如果采用公允价值，"土地和建筑物的公允价值通常通过估值技术根据市场数据确定，该评估通常由具有专业资格的评估专业人士进行。不动产、厂场和设备的公允价值通常是评估得出的市场价值。"如果由于不动产、厂场和设备的特殊性，缺乏市场证据支持，则"可以运用收益途径和重置成本途径估算公允价值。"国际评估准则委员会制定的国际评估应用指南 1 中对此类评估业务做出了指导。

3. 无形资产

国际会计准则第 38 号规定了无形资产可用公允价值进行可靠计量。在允许选用的处理方法中：初始确认后，无形资产应以重估价作为账面金额。为进行重估，公允价值参考活跃的市场予以确定。重估次数应根据被重估无形资产公允价值的波动情况而定，当被重估资产的公允价值与其账面价值相差太大时，有必要做进一步的重估。

4. 资产减值测试

国际会计准则第 36 号规定，无形资产每年至少测试一次。如果有外在或内部因素导致公司商誉或无形资产有减值的可能性，则无论是否达到 1 年，都需要重估。减值测试的对象是带有商誉并产生现金流的单元、不确定使用年限的无形资产和尚未使用的无形资产。

5. 金融工具

当金融工具没有活跃市场时，按照国际会计准则的规定，并购方应使用估值技术。而在相关评估中，需要考虑类似特征企业的可比金融工具的市盈率、股利和预期增长率等。

目前，我国在境外上市的企业，有时需要同时提供按照国际会计准则编制的财务报告或提供符合国际会计准则要求的财务信息，主要情形包括：一是设立股份公司或首次申请上市发行的评估时，国际会计准则要求评估师提供房地分开的评估结论；二是国际会计准则下按照评估值调整账务的，每 3 ~ 5 年要求按照公允价值对固定资产进行价值重估。

三、我国会计准则引发的评估业务需求

我国现行企业会计准则中，投资性房地产准则规定了以公允价值进行后续计量，生物资产准则规定了以公允价值进行后续计量，资产减值准则规定了使用公允价值确定可收回净额，收入准则规定了按照应收的合同或协议价款的公允价值确定收入金额，企业合并准则规定了非同一控制下企业合并中取得可辨认资产和负债以及作为合并对价发行权益工具，金融工具确认和计量准则规定了以公允价值计量且变动计入当期损益金融资产或金融负债以及可供出售金融资产等。

（1）收入准则要求，如果延期收取的货款具有融资性质，其实质是企业向购货方提供信贷时，企业应当按照应收的合同或协议价款的公允价值确定收入金额。应收的合同或协议价款的公允价值，通常应当按照其未来现金流量现值或商品现销价格计算确定。应收的合同或协议价款与其公允价值之间的差额，应当在合同或协议期间内，按照应收款项的摊余成本和实际利率计算确定的金额进行摊销，作为财务费用的抵减处理。

（2）企业合并准则要求，非同一控制下的企业合并，其成本包括购买方为进行企业合并支付的现金或非现金资产、发行或承担的债务、发行的权益性证券等在购买日的公允价值以及企业合并中发生的各项直接相关费用之和。其中所发行权益性证券存在公开市场，有明确市价可供遵循，应以该证券的市价作为确定其公允价值的依据，同时应考虑该证券的交易量、是否存在限制性条款等因素的影响；发行的权益性证券不存在公开市场，没有明确市价可供遵循，应考虑以购买方或被购买方的公允价值为基础确定权益性证券的价值。在确定所发行权益性证券的公允价值时，应当考虑达成企业合并协议，且公开宣布前后一段合理时间内该权益性证券的市场价格。

（3）债务重组准则要求，在债务人发生财务困难的情况下，债权人按照其与债务人达成的协议或者法院的裁定作出让步的债务重组中，债务人应当将重组债务的账面价值超过清偿债务的现金、非现金资产的公允价值、所转股份的公允价值或者重组后债务账面价值之间的差额计入债务重组利得。而债权人应当将重组债权的账面余额与受让资产的公允价值、所转股份的公允价值或者重组后债权的账面价值之间的差额，计入债务重组损失，并以公允价值计量重组时获得的非现金资产。

（4）投资性房地产准则要求，只有存在确凿证据表明投资性房地产的公允价值能够持续可靠取得的，才可以采用公允价值模式计量。采用公允价值模式计量的投资性房地产，应当同时满足下列条件：投资性房地产所在地有活跃的房地产交易市场；企业能够从活跃的房地产交易市场上取得同类或类似房地产的市场价格及其他相关信息，从而对投资性房地产的公允价值作出合理的估计。

（5）金融工具确认与计量准则要求对交易性金融资产和负债、可供出售金融资产采用公允价值进行后续计量，其中交易性金融资产和负债的公允价值变动计入当期损益，而可供出售金融资产的公允价值变动计入所有者权益。

四、财务报告目的评估在国际范围的发展

1978 年 7 月，欧共体第四号法令（Fourth Council Directive 78/660/EEC of 25 July 1978），即公司法，第七章（SECTION 7：Valuation rules）第 32 条、第 35 条规定了为财务报告目的对固定资产进行估价的规则。1996 年，欧盟发布保险企业年度会计和合并会计法令。随后，欧洲评估师协会联合会（The European Group of Valuers of Fixed Assets，TEGOVO-FA）出版《保险公司资产为会计目的评估指南》。2003 年《欧洲评估准则》（European Valuation Standards，EVS）中增加了财务报告目的评估准则。2005 年 1 月欧盟采用国际会计准则，从实务上大大推动财务报告目

的评估的发展。英国的会计准则对财务报告目的评估有深刻的影响。在20世纪70年代，面对改革压力，伦敦交易所首先提出了企业可以选择在财务报告中披露一些资产的现行价值（current value），而不是历史成本，将现行价值列入财务报告要求，还提出无形资产可以不摊销，这对评估行业产生了极大影响，从此财务报告目的评估在英国得到很大发展。在2001年美国发布财务会计准则公告第141号、第142号后，财务报告目的评估业务得到快速发展，美国的会计行业和评估行业开始合作。2005年，澳大利亚宣布采用国际会计准则，财务报告目的评估得到很大发展。2005年中国香港全面采用国际会计准则，此后，中国香港快速制定了自己的会计准则，但香港会计准则与国际会计准则在几乎所有重大方面保持了一致，按照国际会计准则进行的评估业务快速发展。

财务报告目的评估成为评估师开展业务的新领域，并快速增长。根据非正式统计，国际"四大"① 和大型的咨询公司，已经也将这一评估业务作为重要的咨询业务内容，并取得了较大成绩。

五、国际上业务发展状况对我国评估行业的启发

国际范围内财务报告目的评估正在快速发展。这对刚刚面对这一类型评估业务的我国评估行业来说，首先是一个机遇，但同时也是一个挑战。

说是机遇，是因为国际的经验可以作为我国评估行业的借鉴，有些业务经验可以直接"拿来"，使我国的此类评估业务快速走上正轨。

说是挑战，可以从供需角度和竞争角度进行分析。供需角度，新的会计准则带来了对评估业务的需求，但我们在看到业务需求的同时，应当分析我国评估行业的供给能力。仅依靠我们评估师的现有知识结构和业务能力，能否提供合格的财务报告目的评估服务可能需要实践检验。竞争角

---

① 指国际四大会计师事务所，分别为威马（KPMG）、普华永道（PWC）、德勤（DTT）和安永（E&Y）。

度，经验丰富的境外同行对我国的评估师事实上构成了竞争压力。因此，我国的评估师需要尽快掌握财务报告目的评估的理论和实践知识，积极面对机遇和挑战。行业协会也应该重视对国际财务报告准则的研究、学习和培训，重视与会计、审计的交流，重视评估基本理论的研究，集中协会和行业力量支持研究工作。

第四节　财务报告目的评估在我国的现状和前景分析

出于对会计准则的先天依赖，财务报告目的评估在我国的发展与我国会计准则的演进息息相关。

一、新的会计准则引发我国财务报告目的评估

2006 年的新版会计准则中，公允价值被当作一个重大特色进行大力宣传。虽然我国会计准则在引入公允价值方面有诸多限制，但从其发展历史来看，走到这一步已经非常不容易。

（一）我国以往会计准则中对公允价值的顾虑

从总体上看，在 2006 年以前，我国会计计量模式主要采用的是历史成本计量基础，对于公允价值等其他计量基础的应用较为谨慎。① 我国在2001 年 1 月 18 日修订发布的《企业会计准则——债务重组》和《企业会计准则——非货币性交易》中引入了公允价值计量属性。但由于受商品交易市场发育程度、经济活动和交易类型等因素的制约，我国尚未在会计准则和相关会计制度中过多引入公允价值的计量属性。

---

① 陆建桥. 关于会计计量的几个理论问题 [J]. 会计研究，2005 (5).

公允价值引入后，在实施过程中出现了许多无法控制的问题，如公允价值估算规则的不健全，人为操纵现象等。这些问题的出现违背了引入公允价值的初衷，因此，我国会计准则中对公允价值的运用重新进行审核，以致此后的几年中，公允价值的运用实际处于停滞状态。

（二）我国会计准则的新趋势

2006 年 2 月，我国新的会计准则发布，引入了公允价值计量，重新对公允价值地位予以确认，目的是使会计信息更具相关性，全面衡量企业经营业绩，及时反映市场价值变动信息。对交易性金融资产和负债、投资性房地产、债务重组、非货币性资产交换、非同一控制下企业合并所形成的资产与负债等一些特定交易或者事项，中国会计准则强调有关资产或者负债存在活跃市场并且其公允价值能够可靠计量的情况下，允许采用公允价值进行计量。但需要指出的是，公允价值应当是以能够获得并可靠地计量为前提，在某些情况下，难以通过"活跃市场"获取公允价值，有时估计或验证公允价值所需的数据无法取得，以非市场基础确定公允价值的随意性较大，这就会影响会计计量和会计信息的真实性和准确性。

（三）我国会计准则为评估行业带来的机会

1. 会计准则对公允价值的运用情况分析

目前我国已发布的 42 个具体会计准则中至少有 26 个不同程度地运用了公允价值计量属性，涉及范围之大是显然的。具体运用情况如表 2 - 1 所示。

表 2 - 1　　　我国企业会计准则对公允价值的运用情况统计

准则名称	初始计量	后续计量
企业会计准则第 1 号——存货	√	
企业会计准则第 2 号——长期股权投资	√	√

准则名称	初始计量	后续计量
企业会计准则第 3 号——投资性房地产		√
企业会计准则第 4 号——固定资产	√	
企业会计准则第 5 号——生物资产	√	√
企业会计准则第 6 号——无形资产	√	
企业会计准则第 7 号——非货币性资产交换	√	
企业会计准则第 8 号——资产减值		√
企业会计准则第 9 号——职工薪酬	√	√
企业会计准则第 10 号——企业年金基金	√	√
企业会计准则第 11 号——股份支付	√	√
企业会计准则第 12 号——债务重组	√	
企业会计准则第 14 号——收入	√	
企业会计准则第 16 号——政府补助	√	
企业会计准则第 20 号——企业合并	√	
企业会计准则第 21 号——租赁	√	√
企业会计准则第 22 号——金融工具确认和计量	√	√
企业会计准则第 23 号——金融资产转移	√	√
企业会计准则第 24 号——套期会计	√	√
企业会计准则第 27 号——石油天然气开采		√
企业会计准则第 33 号——合并财务报表		√
企业会计准则第 37 号——金融工具列报	√	√
企业会计准则第 38 号——首次执行企业会计准则	√	
企业会计准则第 39 号——公允价值计量	√	√
企业会计准则第 41 号——在其他主体中权益的披露	√	√
企业会计准则第 42 号——持有待售的非流动资产、处置组和终止经营	√	√

2. 新会计准则中对以财务报告为目的评估的需求情况分析

根据我国新会计准则中的有关规定，可能产生的对财务报告目的评估需求主要有以下几种情形：

（1）采用公允价值入账的情形。

例如：《企业会计准则第 3 号——投资性房地产》第十五条规定："采用公允价值模式计量的投资性房地产转换为自用房地产时，应当以其转换当日的公允价值作为自用房地产的账面价值，公允价值与原账面价值的差额计入当期损益。"第十六条规定："自用房地产或存货转换为采用公允价值模式计量的投资性房地产时，投资性房地产按照转换当日的公允价值计价，转换当日的公允价值小于原账面价值的，其差额计入当期损益；转换当日的公允价值大于原账面价值的，其差额计入所有者权益。"

《企业会计准则第 7 号——非货币性资产交换》规定：非货币性资产交换同时满足下列条件的，应当以公允价值和应支付的相关税费作为换入资产的成本，公允价值与换出资产账面价值的差额计入当期损益。

《企业会计准则第 12 号——债务重组》第十条规定："非现金资产清偿债务的，债权人应当对受让的非现金资产按其公允价值入账，重组债权的账面余额与受让的非现金资产的公允价值之间的差额，比照本准则第九条的规定处理。"第十一条规定："将债务转为资本的，债权人应当将享有股份的公允价值确认为对债务人的投资，重组债权的账面余额与股份的公允价值之间的差额，比照本准则第九条的规定处理。"第十二条规定："修改其他债务条件的，债权人应当将修改其他债务条件后的债权的公允价值作为重组后债权的账面价值，重组债权的账面余额与重组后债权的账面价值之间的差额，比照本准则第九条的规定处理。"

（2）按照投资合同或协议约定的价值确定投资者投入成本，但合同或协议约定价值不公允的情形。

例如：《企业会计准则第 4 号——固定资产》第十一条规定："投资者投入固定资产的成本，应当按照投资合同或协议约定的价值确定，但合同或协议约定价值不公允的除外。"

《企业会计准则第 6 号——无形资产》第十四条规定："投资者投入无形资产的成本，应当按照投资合同或协议约定的价值确定，但合同或协议约定价值不公允的除外。"

（3）资产减值的情形。

例如：《企业会计准则第 8 号——资产减值》第六条规定："资产存在减值迹象的，应当估计其可收回金额。可收回金额应当根据资产的公允价值减去处置费用后的净额与资产预计未来现金流量的现值两者之间较高者确定。"这里的资产包括单项资产和资产组（即能够产生现金流入的最小资产组合），主要涉及对设备及商誉的评估。

（4）金融资产与金融衍生工具。

在金融机构执行新的《企业会计准则》的过程中，也有可能有这方面的需求，由专业评估机构对金融资产与金融衍生工具进行价值评估，作为确定公允价值的依据。

由上可见，随着我国新版会计准则的施行，财务报告目的评估业务将可能成为我国评估行业的新的业务增长点。

二、我国评估界和会计界对财务报告目的评估实务的关注

我国的评估行业和会计行业已经认识到发展这一业务对于完善我国财务体制，提高上市公司信息披露质量的重要性，两个行业已经开始联手推动此项业务的开展。

2004 年，在国际评估准则委员会积极与国际会计准则委员会沟通的启发下，中国资产评估协会与财政部相关部门沟通，就在我国引入公允价值计量模式和评估参与会计计量提出建议。

2006 年，财政部发布新的企业会计准则，对公允价值计量的地位进行确认，同时为评估参与会计计量保留了较大空间。

2006 年 3 月，中国资产评估协会和中央财经大学共同举办的"国际会计准则对资产评估和财务报表影响国际研讨会"在北京举行。许多知名评估机构、审计机构和企业对会计准则变动过程中评估行业的作用进行研讨。研讨会上对我国评估界与会计界如何应对国际会计准则的变化趋势提出了建议。

2006 年 9 月，中国资产评估协会和国际评估准则委员会共同举办"昆明国际评估论坛"，财务报告目的评估是主要议题之一。来自财政部会计司、国际评估准则委员会和国际会计准则委员会的专家就国际财务报告准则（IFRS）和评估职业的关系、国际财务报告准则对评估师的启示和意义、中国评估界与会计界的合作等内容发表了演讲。论坛增进了我国对国际层面评估与会计合作的了解，进一步促进我国评估与会计的合作。

2007～2015 年，每年一度的中国资产评估论坛中，财务报告目的评估都是重要的主题。

2009 年以来，国际机器设备评估大会中，对财务报告目的评估中的机器设备评估的关注从未间断。

三、财务报告目的评估需求前景分析与预测

由于新的会计准则的变化，评估对财务报告的影响，已经成为财务决策中必须要考虑的问题。在评估行业发展的早期，一般意义上的评估业务是在财务报告编制过程之外进行的，而财务报告目的评估的理念却是我们不应该等到财务报告完成后才进行相关评估。以认股权为例，有时评估出来的权证价值甚至有上亿元，也就是说平均每年的费用计提大约有两三千万元甚至更多，可以设想这对企业财务信息的影响将是巨大的。

通过提前进行评估来考察某项决策对财务报告的影响程度，同时通过其中评估模型参数的调整来达到我们所要求的理想水平，这无论对于决策本身还是盈利影响都是一个难得的修正机会。如果普遍应用的话，评估就会成为真正交易中重要的影响因素之一，实际上，这已经成为评估业在国际上的发展趋势，显然这也是中国评估业的发展方向。

实务方面，我国评估行业面前的财务报告目的评估的业务量可以说相当大，主要有三方面的来源。

一是在美国和中国香港的会计准则中引入公允价值后，我国在纽约和香港上市的公司需要向证券交易所报送按照上市地会计准则调整的财务报

告。由于公允价值因素的影响，编制这些财务报告需要进行相关评估。目前，由于我国评估机构在国际上执行业务的空间很小，国际"四大"、美国评值公司、西门评估公司、卓德测计师行等少数国际和我国香港地区的评估机构垄断了相关评估业务。随着境外上市数量和规模的不断扩大，这类评估业务正在迅速增长。我国的评估机构也可以尝试与这些境外机构竞争，分一杯羹。

二是我国新会计准则实施后上市公司业务产生的需求。虽然新会计准则在上市公司首先施行，但我国的上市公司数量已经具有较大规模，且呈快速成长的趋势，由此产生的业务量将会很大。

三是其他企业的需求。新会计准则虽然没有强行要求非上市公司采用，但从公司发展角度来看，一个成长型的公司需要与其他公司使用相同的财务语言，需要让投资者合理了解公司价值。而使用与其他上市公司相同的会计准则是重要的手段。由此可以产生对财务报告目的评估业务的较大需求。

通过上述分析可以看出，在我国客观上对财务报告目的评估业务存在较大的需求，而且具有很大的发展潜力。

第五节　评估行业参与公允价值计量的可行性分析

会计准则中规定公允价值的估算可以运用估值技术，但没有明确由评估行业来做。实践中，在努力做好已有业务的同时，国际评估界一直致力于说服会计准则制定者认可评估行业在公允价值计量中的作用。而从理论层面来分析，评估行业参与公允价值的计量的确有其优势。下面从公允价值的估算思路、评估师在确定公允价值方面的优势两个方面对评估师参与公允价值计量的可行性进行分析，并介绍国际评估界已经做过的努力和取得的成果。

一、公允价值的估算思路

在公允价值的估算方面，无论是国际会计准则还是我国的会计准则都没有深入而细致的指导，都处在"做什么"的阶段，尚未进入"如何做"的阶段。但这些会计准则有一个共同的特点，就是没有考虑评估行业在参与公允价值估算方面的作用。

在有关"做什么"的规定中，不同会计准则虽有差异，但大致相似。下面通过分析当前两个在公允价值计量方面走在前沿的会计准则来分析这一问题。

（一）国际会计准则的做法

国际会计准则在公允价值估算方式上有一个递进的过程。

我们先看看国际会计准则委员会最初的做法：

2005 年 5 月 19 日，国际会计准则委员会委托加拿大会计准则委员会（Canadian Accounting Standards Board）提交了一份讨论稿（discussion paper measurement bases for financial accounting-measurement on initial recognition），对公允价值的估算提出了两个角度、四个层次：

角度一：对公允价值的估算（estimates of fair value）——包括第一层次和第二层次。

第一层次——在初始计量日或接近初始计量日，与被计量资产或负债相同或相似资产、负债的可获得的市场价格（对资产差别和时间差别进行符合市场预期的调整）。

第二层次——根据可接受的模型或技术估算出来的资产或负债的市场价格。

角度二：对公允价值的替代（substitutes for fair value）——包括第三层次和第四层次。

第三层次——对当前成本的估算。

第四层次——从企业自身角度运用模型或技术进行估算。

这份讨论稿公布后，包括国际评估准则委员会在内的许多评估组织和会计组织一起，提出了修改意见。国际评估准则委员会根据意见对原有框架进行了修改。

2006年11月，国际会计准则委员会发布公允价值框架讨论稿（discussion paper fair value measurements）①，对公允价值的估算给出了最新的指导，这一指导规定了不同层次，如表2-2所示。

表2-2　　国际会计准则委员会公允价值的估算层次表（the hierarchy）

层次	依据	优先顺序
第一层次	相同资产或负债在活跃市场上的报价	依次减弱
第二层次	类似资产或负债在活跃市场上的报价，并做适当调整	
第三层次	运用与市场法、成本法和收益法相一致的各种估值*技术形成的结论	
第三层次的补充	当市场数据在合理的成本和努力下无法获得时，企业根据自己内部估价和假设形成的结论	

注：＊此处的"估值"对应的英文是"valuation"，会计中使用这一词语，本意并不是指我们所理解的评估行业，他主要指各种专业人士，包括会计师、审计师、评估师等，对价值作出判断的行为。为了避免与其他地方出现的特指评估行业的"评估"混淆，此处译为"估值"。会计与评估共用很多词汇，但却有不同的含义，制造了许多误会。

从前后两稿的对比可以看出，其基本思路已经逐渐明朗。其特点包括：

（1）注重市场数据。这一做法充分体现了公允价值计量的本意。

（2）仍然立足于自给自足，靠会计师自己完成公允价值的估算工作。对评估技术的运用不够重视。

这一思路的形成源于会计界对评估界的不理解。从国际会计准则优先次序来看，会计准则认为评估技术形成的结论不能很好地体现市场信息。

---

① 国际会计准则委员会于2006年11月发布。

其实，作为一个逐渐独立、影响逐渐增大的学科，评估的技术已经比较成熟，特定前提下的评估结论可以充分反映资产、负债的市场价格信息。

（3）对企业自身的数据持保留态度。这是积极的一面，体现了对市场信息的重视。

（4）不再区分估算（estimates）和替代（substitutes），而是以优先次序表述，体现了对公允价值内涵的深入理解。公允价值是一个严格定义下的理想价值，不能简单以估算和替代来进行界定。

（二）美国会计准则的做法

美国财务会计准则委员会2005年10月21日发布征求意见稿（working draft：financial accounting series：statement of financial accounting standards No. 15X fair value measurements），提出了公允价值估算的几个层次：

第一层次——活跃市场上相同资产或负债的报价。

第二层次——不活跃市场上相同资产或负债的报价，或市场上类似资产或负债的报价。

第三层次——市场上资产或负债的其他价格。

第四层次——不能直接获得，但可以通过融合其他市场数据获得的价格。

第五层次——企业内部价格（entity inputs）。

美国财务会计准则委员会同时指出：第一层次具有最高的使用优先权，第五层次最低。

2006年9月，在征求意见后，美国财务会计准则委员会正式发布《财务会计准则公告第157号——公允价值计量》（statement of financial accounting standards No. 157：fair value measurements），对公允价值估算的层次重新进行划分，这也是目前为止对公允价值估算所提出的最具体的指导。根据用于公允价值计量的数据的优先次序，这次划分将公允价值的估算层次减少到3个：

将活跃市场上同一资产或负债的报价（未调整）定为最高等级（第

一层次），将不可观测数据定为最低等级（第三层次）。具体如下：

第一层次数据：活跃市场上同一资产或负债的（未调整）报价，报告主体有能力在计量日获得这些数据。

第二层次数据：包括：一是活跃市场中相似资产或负债的报价。二是非活跃市场中相同或相似资产或负债的报价，即在这个市场中，资产或负债的交易极少，价格已过时，或者说报价在不同时间或不同参与者之间变动巨大（例如，一些经纪商市场），或者几乎不公开发布信息（例如，大户对大户交易市场）。三是除资产或负债的可观测报价以外的数据（例如，在普通报价间隔时可观测的利率和收益率曲线、不稳定性、预付速度、损失严重性、信用风险，以及违约率）。四是通过相互关系或其他手段（市场确证数据），主要从可观测市场数据中衍生或由可观测市场数据证实的数据。

第三层次数据：资产或负债的不可观测数据。只有当可观测数据无法获得，因而计量日当天资产或负债的市场活动极少的情况下，才可以使用不可观测数据来计量公允价值。

可以看出美国发布的框架与国际会计准则中的思路基本一致。这也是二者在这一方面长期合作的结果。

（三）我国会计准则的做法

我国 2006 年发布的新版会计准则体系的重大突破之一就是强化了为投资者和社会公众提供决策有用会计信息的新理念，在所有重大方面基本实现了与国际惯例的趋同，实现了我国企业会计准则建设新的跨越和突破。其最大亮点之一，是在坚持历史成本基础的前提下，适当地引入了公允价值计量属性，比如在企业合并、投资性房地产、生物资产、股份支付、金融工具确认和计量等准则中采用了公允价值的概念或计量方法。但是与国际财务报告准则相比，我国新准则体系在确定公允价值的应用范围时，也充分地考虑到我国的国情，严格规范了运用公允价值的前提条件，即公允价值应当能够可靠计量。例如，投资性房地产准则允许企业采用公允价值对其投资性房地产计量，但采用公允价值模式的前提条件是投资性房地产的公允价值必须能够取得并能可靠计量，换言之，并不是所有投资性房地产都可以采用公允价值。

关于公允价值可靠计量的标准，我们可以参考非货币性资产交换会计准则的规定：① 符合下列情形之一的，表明换入资产或换出资产的公允价值能够可靠地计量。一是换入资产或换出资产存在活跃市场。对于存在活跃市场的存货、长期股权投资、固定资产、无形资产等非货币性资产，应当以该资产的市场价格为基础确定其公允价值。二是换入资产或换出资产不存在活跃市场、但同类或类似资产存在活跃市场。对于同类或类似资产存在活跃市场的存货、长期股权投资、固定资产、无形资产等非货币性资产，应当以同类或类似资产市场价格为基础确定其公允价值。三是换入资产或换出资产不存在同类或类似资产的可比市场交易，应当采用估值技术确定其公允价值。该公允价值估计数的变动区间很小，或者在公允价值估计数变动区间内，各种用于确定公允价值估计数的概率能够合理确定的，视为公允价值能够可靠计量。

在可靠计量的前提下，我国会计准则对公允价值的估算提供了以下思路，我们也可以将其分为几个层次②：

第一层次：存在活跃市场的，应当以其市场价格为基础确定其公允价值。

第二层次：不存在活跃市场但与其类似资产存在活跃市场的，应当以类似资产的市场价格为基础确定其公允价值。

第三层次：采用上述两种方法仍不能确定非现金资产公允价值的，应当采用估值技术等合理的方法确定其公允价值。

（四）会计准则对评估技术的冷淡

通过分析上述较前沿的会计准则和我国会计准则的规定可以看出，会

---

① 本部分内容参考了《企业会计准则第 7 号——非货币性资产交换》应用指南。

② 本部分内容参考了《企业会计准则第 12 号——债务重组》应用指南。

计准则在公允价值的估算方面，惯性地冷淡了评估技术和评估行业的作用。无论国际会计准则还是我国会计准则，都在运用评估技术方面没有明确地予以说明，这使得在公允价值估算方面，会计师也可以做，审计师也可以做，评估师也可以做的局面。对此，美国评估学会（Appraisal Institute）曾向美国财务会计准则委员会提出意见："……应当吸收已有的最佳做法（best practice）①，而不是另起炉灶。"②

准则中的规定似乎将评估行业舍弃，但实务中，由于评估行业的努力和风险、成本等因素的驱使，评估行业在公允价值的估算方面，正在逐步发挥作用。多年来，在公允价值逐步被会计准则引入和在实务中运用的过程中，国际评估准则委员会也在不断地向不同层次的准则制定者施加影响，力图使评估行业在公允价值的估算方面发挥作用。已经采纳国际会计准则的国家和地区，评估师的以财务报告为目的的业务正逐步成长。

那么，评估行业在公允价值估算方面的优势到底在哪里，会计准则中如果确立评估行业在公允价值方面的地位会不会有很大风险？下面就此进行分析。

二、评估师在确定公允价值方面的优势分析

目前，公允价值计量在理论和实践上如何在各国推广，在会计界仍存在很大争议，并且已经成为推广国际会计准则的一个瓶颈。虽然公允价值计量在理论上已经相对成熟，但在实务中如何理解、如何操作却是会计界的一个弱项，国际会计准则和美国通用会计准则对此的规定也相当薄弱，且存在一定的不一致。各国会计界的主流人物意见分歧仍很大，充分反映了这一问题的复杂性。

---

① 美国评估学会在各种场合都将评估技术称为价值发现的"最佳做法"，作者注。

② Appraisal institute response. FASB fair value measurements, 2005 ［EB/OL］. www. appraisalinstitute. org.

在公允价值估算方面，会计界普遍认识到估值技术的重要性，但基本上对评估行业持一种不信任甚至怀疑的态度。其主要原因是会计和评估这两个行业之间的相互交流太少，会计专家对评估理解太少，并抱怨评估师不能充分理解会计准则。其实，从专业属性来看，评估能够真实地反映企业资本保全状态，能够从计量单位与计量属性两方面完善会计的配比原则、真实反映企业的收益，能够合理反映企业的资产状况、提高财务信息的相关性，可以更有效地提供会计信息。

1. 评估的专业属性为公允价值计量的客观真实奠定了基础

评估作为一种专业中介服务活动，它对客户和社会提供的服务是一种专家意见及专业咨询。由于评估师在评估过程中能够比较全面地了解企业的财务状况、经营状况等，聘请评估机构从事相关的服务，对企业来说可以节约一定的沟通成本。国际范围内评估理论和实务已经有了很大的发展。以价值类型为代表的理论成果已经为评估行业普遍接受并在实务中运用。用以指导实务的评估准则也在世界范围内形成了许多共同成果，国际评估准则就是一个集中体现。这些理论基础和准则规范可以很好地保证评估服务的专业质量，为公允价值计量的真实性提供保障。

2. 专业评估的独立属性提高了评估意见的公正性

在市场经济条件下，由专业化的独立评估机构依据相关评估法规、准则、规范和行业惯例，提供现时价值尺度，对于政府、产权交易各方、债权人和社会公众是一种具有较强公信力的专业咨询。这种独立的专业咨询有利于客观、公正披露相关经济行为所涉及的资产价值的相关信息，是经济行为各方据以决策的重要依据。这种独立性的专业评估，是建立市场经济秩序、维护债权人和公众利益的重要手段。在决策有用原则下，会计信息已远不限于为内部管理服务，许多情况下更多、更重要的是为外部人（包括投资者、债务人、监管方等）服务，对于专业性强、复杂程度高的公允价值估算，外部人更希望、更愿意看到的是独立专业评估的工作结论。在德国，上市公司如果对复杂的资产项目不聘请外部独立评估，会遭到报告使用者的质疑①。而且在披露方面，是否利用了外部评估师的工作，披露要求也不一样，如果公允价值是由企业内部会计人员确定的，企业在财务报告中要求充分披露公允价值计量关键的假设和方法。但如果聘请了外部独立专业评估师，就不需要详细披露，而只需要披露专业评估师介入的程度，以及对评估结论进行的调整即可。国际会计准则对外部评估的作用也很重视，国际会计准则第 16 号中指出，公允价值通常根据市场基础数据通过评估确定，这种评估是由具有专业资格的评估师进行。如果采用重估方式，应当披露评估是否由独立评估师进行。

3. 外部评估师具有相对较高的可靠性

米勒和里德尔（Muller and Riedl）在 2002 年的联合研究表明，市场证据显示外部评估师的资产重估结果比内部评估师的评估结果更具有可用性。他们的研究使用了英国资产投资事务所 1990～1999 年的样本，研究显示，对英国资产投资事务所财务年度结束后 7 个月中平均股票出价逆向选择（adverse-selection）造成的信息不对称比雇用内部评估师的事务所要大。米勒和里德尔认为这可以作为外部评估师资产重估结果更加可靠的证据。②

4. 会计师的业务局限

交易的复杂性，使活跃市场和其他可比数据缺乏，会计师难以在合理时间和工作范围内取得相应数据，评估师参与理所当然。③ 而且，某些情况下，活跃市场的报价不一定表示计量日的公允价值。例如，重大事项（大户对大户交易、经纪商交易或公告）发生在闭市之后计量日之前。报告主体应当制定并一贯执行一个政策来确定那些可能影响公允价值计量的事项。然而，如果报价因新信息而有所调整，那么该调整会使得公允价值

---

① 本部分内容参考了中国资产评估协会 2006 年的德英公允价值计量考察报告。

② Wayne R. Landsman. Fair Value and Value Relevance：What Do We Know？［R］. Kenan - Flagler Business School University of North Carolina.

③ 本部分内容参考了 2006 年英格兰和威尔士特许会计师学会的财务计量报告（measurement in financial reporting）。

计量的计量层次降低。因此，公允价值的估算，需要多方面的专业分析，这种分析对于会计师来说，在一定情况下有些勉为其难。

另外，当历史成本计量模式自然地注重单项资产时，公允价值计量模式却时常将企业的整体或某一有机部分综合进行考虑，即应当注重更高层次的资产组合。而这些工作对于会计师来说，是不经济和不适当的。因为在会计处理的交易中，往往是资产负债表单个项目的调整，会计师也较多地关注单个资产负债表项目的变动。对于公允价值计量中经常出现的资产组概念，即使会计师对其形成的合理性有所把握，但对其价值的分析特别是超出单项资产价值之和的价值的分析，却可能经验不足。

5. 市场环境的不足需要评估师的参与

我国的市场经济正处于不断发展完善的过程中。这个过程中，市场的价值发现机制相对不健全，活跃度相对较差，市场参与度相对不充分。在这样的环境下，会计师获取资产的公允价值信息存在困难。例如，第一层次的交易数据，我们的股票市场中可能存在类似数据，但这些数据是否真正体现了公允价值有待商榷。这一背景下，借助评估师的专业力量，对市场原始数据进行分析加工，形成专业意见，供会计师参考，是一种较合理的途径。

6. 境外经验的启示

英国和德国为保证公允价值计量的信息质量和可靠性，对一些复杂的项目和专业要求高的项目通常要求聘请外部的独立评估机构，其相关的信息成本较高但是必需的。对存货、一般性金融工具等简单的业务，通常由企业内部会计师进行公允价值的计量。英国和德国还对会计师的公允价值计量提出了可验证性的要求，即计量的结果是可复核的，复核方可以是内部复核，也可以聘请外部评估师进行复核，并由审计师对最终的信息披露进行鉴定。

7. 中国香港经验的启示

中国香港在 2005 年 1 月 1 日开始执行国际会计准则后，在相当长的一段时间内，许多公司都考虑由自己进行估值，但到 2005 年底才发现自己并不具备进行评估的专业能力，同时也迫于审计师的压力，才开始大量聘请独立评估师进行评估。从香港的经验来看，由于香港的经济自由度和理性程度较大，2005年以后财务报告目的评估业务增长很快，他们对于财务报告目的评估业务由独立评估师来进行主要基于以下考虑：

（1）公司自己是否有能力自己做估值。如果项目简单，不排除公司自己做估值，但多数较复杂或不易找到参照物的资产，转而聘请专业评估师做；

（2）项目的重要性。如果资产规模较小、重要性低，不排除公司自己做估值，但资产规模大、重要性高的项目，多由专业评估师做；

（3）公开披露的效果。如果对外披露由具有独立性和专业能力的外部评估师进行估值对公司形象有利，多会聘请专业评估师做；

（4）审计师由于独立性的要求，特别是国际"四大"，不会为自己的审计客户提供评估服务，因而为独立评估师的业务留下了空间；

（5）审计师由于承担最终审计责任，为减少风险，往往要求公司聘请独立评估机构做评估。

三、评估师可以胜任公允价值估算工作

从上述评估师优势的分析可以看出，评估师可以胜任公允价值估算相关的估值工作。评估师独立性所体现的客观、公正，会计师的专业限制和成本考虑，以及市场因素的影响，都使得评估师的工作成为公允价值估算过程中估值技术的较好选择。

从英国、德国、中国香港的做法可以看出，到底由谁来提出公允价值的意见，最终是由市场通过交易费用和披露效果、评估效果等因素的博弈以及公司、审计师和独立评估师之间的利益博弈决定。但这是市场刚刚发展时期的乱象，从专业特性和成本效益方面来看，评估师介入往往是较好的选择。

四、国际评估界的努力和成果

20 世纪 90 年代后期新一轮财务报告准则变动以及发展全球性财务语言的趋势形成后，围绕公允价值计量的相关问题，以国际评估准则委员会为代表的国际评估界积极与包括国际会计准则委员会在内的会计界进行协调，就评估界在参与公允价值的估算、提高财务报告质量方面如何发挥作用进行沟通。这些沟通增进了会计界对评估界的了解，对在会计准则中确立评估行业的作用起到了积极的促进作用。这些沟通也促进了国际评估准则的综合化发展和质量的提高，促进了世界范围内统一评估准则的发展进程。在与会计界进行沟通合作的过程中，国际评估准则得到了很好的发展。从国际评估准则的演进历程来看，国际评估准则受国际会计准则的影响较大。国际评估准则委员会在制定的国际评估准则中对国际会计准则的变动，特别是公允价值的引入作出了及时的反映，相关内容做了实质性调整。

（一）国际评估界与国际会计界的沟通和合作

1. 国际评估准则委员会与国际会计准则委员会的沟通

1997 年，时任国际评估准则委员会主席的马拉奎恩应国际会计准则委员会之邀，在国际会计准则委员会年会上做报告，阐述了关于评估准则在会计领域中的作用，以及市场价值与公允价值关系。

1998 年，国际评估准则委员会巴黎年会专门邀请国际会计准则委员会和国际会计师联合会派员作专题报告，介绍国际会计准则中与评估相关的制度安排。

1998～1999 年，国际评估准则委员会全程参加国际会计准则委员会制定国际会计准则第 40 号（投资性房地产）的工作会议，重点对长期房地产租赁能否按照公允价值进行评估及财务处理等问题反映评估界的声音。

2005 年 9 月 21 日，国际评估准则委员会应邀为国际会计准则委员会举办讲座。讨论公允价值与市场价值的关系、国际评估准则与国际会计准则的协调、国际会计准则框架下实践中存在的评估问题。

2006 年 3 月，国际评估准则委员会与美国财务会计准则委员会（FASB）进行正式会谈，集中讨论了国际评估准则委员会在财务报告领域的作用，双方认为随着公允价值计量重要性的提高，由具有专业资格的评估专业人士进行的、遵循通用评估原则的评估实践不仅是必要的，而且是十分重要的。

2008 年 5 月，国际评估准则委员会准则技术委员会在纽约召开会议。会议讨论了国际评估准则委员会（IVSC）发布的财务报告目的无形资产评估指南征求意见稿征集的意见。讨论了国际会计准则委员会（IASB）公允价值计量相关政策，包括公允价值的确切内涵、为 IASB 举办教育讲座、应 IASB 的邀请参加其就公允价值计量问题所组成的非正式的评估咨询组，建议 IVSC 也关注跟踪 FASB/IASB 在概念框架（conceptual framework）项目中涉及计量属性的讨论。会议讨论了美国财务会计准则委员会估值咨询组（valuation resource group，VRG）在财务报告目的 "SAFS 157 公允价值计量" 的框架下，是否还需要其他具体的评估指导意见，IVSC 派出准则技术委员会委员副主席以专家身份积极参与 VRG 的工作，试图使评估行业在公允价值计量中发挥较大作用。会议邀请国际会计师联合会（IFAC）介绍了 IFAC 的工作范围、目前正在制定的准则、对评估行业的期望等。IFAC 专业准则部主管和审计准则部副主管参加会议。IFAC 已经修改及重新起草了 "ISA 540，会计估计（包括公允价值会计估计）及相关披露的审计准则"。IFAC 即将对该文件的具体实施形成了专门的咨询组，在相关行业（包括评估界）征询意见。

2010 年 6 月，准则技术委员会伦敦会议中，讨论了国际评估准则委员会如何跟进国际会计界的动态。FASB 的金融工具新项目。IASB 正请会员对 FASB 正在制定的会计准则更新（accounting standards update，ASU）提出意见。这个更新中提及金融工具综合准则，涉及金融资产负债的分类和计量、减值方法和套期保值。FASB 的意见中，多数金融资产和负债将以公允价值计量，这与 IFRS 9 金融工具中的混合计量方法不同。IASB 正考虑如何实现 IFRS 的要求与美国一般通用会计原则的协调。会议认为需要密切关注相关工作的进展。IASB 已经启动了采掘业研究项目，意在制定一项国际财务报告准则，用以取代 IFRS 6。国际评估准则委员会也考虑制定采掘业评估准则。

2010 年 10 月，国际评估准则委员会准则技术委员会在伦敦召开圆桌会议，讨论了国际评估准则与会计准则的关系。会议认为，IVS 2007 版 IVA 1 "以财务报告为目的的评估准则"解释了国际会计准则 IAS 16，IAS 36 和 IAS 40 里的评估要求，对国际财务报告准则的评估要求进行总结对于保证评估质量是很有帮助的，国际财务报告准则下的评估应反映更广泛的评估原则和做法，一些意见还呼吁 IVSC 和 IASB 共同合作制定"连接准则"。但也有意见认为，继续为国际财务报告准则下的评估制定一个单独的评估准则是不合适的，因为 IVS 不能在另一套准则中修改或应用。比如说国际财务报告准则变化，IVS 没有一个同步变化相匹配。对于 IVS 中出现的不同的词或短语，需要使之与类似的词和词组在国际财务报告准则一致。

通过一系列沟通，国际评估准则委员会与国际会计准则委员会在评估参与公允价值计量，特别是公允价值与评估中市场价值的关系方面取得了越来越广泛的共识，国际会计准则中对国际评估准则委员会和评估在会计计量中的作用也逐步认可。

2012 年 6 月 15 日，国际评估准则理事会发布《评估操作指引——审计程序中评估师的职责》（征求意见稿），该操作指引旨在帮助评估师向公允价值审计程序中的审计人员或企业提供专业意见。这是国际评估准则理事会顺应国际财务报告需求的新举措。在经历过各种广为人知的财务违规事件后，上市公司的审计正越来越多地受到来自监管机构和投资者的关注与监督。对于重新编制报表的公司，估值定价是损害投资者信心、引发监管关注的主要原因之一。由美国审计委员会、上市公司会计监督委员会发布的最新数据显示，大部分会计师事务所的审计业务存在重要缺陷时，往往涉及公允价值计量和减值不足。国际评估准则理事会专业委员会主席格雷格·科西说："为了提高公允价值计量审计的效率和效果，在审计过程中涉及的所有专业人员都有更进一步地正确评价彼此作用的需求。该操作指引在定位于帮助评估师的同时，我们期望它对相关方也有所帮助。"该征求意见稿的发布，对于我国明确公允价值计量相关方的职责，明确评估师在其中如何有效发挥作用有较大的参考作用，对于发展和规范评估相关服务、扩大评估行业影响也有一定的借鉴意义。

2. 国际评估准则对会计准则的重视

从 1984 年开始出版国际评估准则以来，国际评估准则委员会共出版了 11 版《国际评估准则》，共包括市场价值基础评估、非市场价值基础评估以及评估报告等三项国际评估准则，以及以财务报告为目的评估、贷款目的评估等两项国际评估应用，不动产评估、机器设备评估等 14 项评估指南。在与国际会计准则委员会的沟通过程中，国际评估准则委员会认识到综合化发展的重要性。2000 年，国际评估准则委员会启动新一轮准则制订计划，确立了国际评估准则综合化发展的方向。国际评估准则从注重不动产评估，转向同时注重财务报告目的评估、企业价值评估、无形资产评估等多个领域。国际评估准则综合化发展的一个重要特征就是对会计准则的重视。第四版《国际评估准则》以后，每个版本的国际评估准则中的每一个准则项目都专门设有"与会计准则的关系"部分，并单独制定了以财务报告为目的的国际评估应用指南。

2005 年 2 月，国际评估准则委员会出版了第七版《国际评估准则》。与上一版本相比，第七版《国际评估准则》的一项重要变动就是对相关国际评估准则的修订，主要是对"国际评估应用指南 1：财务报告目的评估"和国际评估指南 8（财务报告目的评估业务中的成本法）作出了修订。时任国际评估准则委员会主席的约翰·埃居指出，"国际评估准则委员会致力于制定相关准则，为包括国际会计准则委员会（IASB）在内的其他国际组织制定的信息披露框架提供支持"。"国际评估准则委员会对

《国际评估准则》进行了更新和修订，以确保《国际评估准则》符合于2005年1月1日实施的国际会计准则委员会官方发布文本的要求"。

目前，IVSC正考虑对国际评估准则的专业定位做出调整。此前国际评估准则更多的是着眼于不动产领域。随着评估行业在经济中作用的发挥，以及会计行业对评估结论依赖程度的加大，财务报告目的评估业务正快速增长，对相应准则的需要日趋迫切。为更好地满足会计行业对评估行业的需求，国际评估界近年来非常关注国际会计界在准则方面的发展趋势。近几次IVSC会议上都投入很大精力讨论国际财务报告准则的变化，国际评估准则也开始根据国际财务报告准则的变化做出相应调整。

（二）美国评估界与会计界的沟通和合作

2003年10月，美国评估师协会（ASA）、美国农场管理者和农业评估师协会（ASFMRA）、英国皇家特许测量师学会美国和加拿大分会（RICS－USA，RICS－Canada）、美国评估促进会（AF）、美国评估学会（AI）、加拿大评估协会（AIC）和美国高级财产经济中心（CAPE）七家在北美地区有较大影响的评估协会和组织共同签署《多伦多评估协定》（Toronto Valuation Accord，TVA），联合七家评估协会和组织的力量，为维护公众、投资者、政府部门和经济决策人的利益，努力推动在财务评估中使用市场价值，并探讨如何更合理地评估市场价值。TVA与立法部门、管理部门和准则制定部门进行沟通，以推动加快财务报告准则简化和与国际会计准则融合的步伐。TVA表示全力支持《国际评估准则》，努力推动与会计准则特别是公允价值计量的衔接，并致力于帮助专业评估师、会计师、财务报告使用人和编制人为即将到来的变化做好充分的准备。TVA于2004年6月在多伦多召开关于财务报告的北美评估峰会（North American Valuation Summit on Financial Reporting），邀请美国公共公司会计监管委员会及其他会计师、评估师代表，讨论在国际会计准则框架下以及北美会计准则与国际会计准则逐步融合的背景下，如何加强评估与会计行业的合作与沟通，以更好地为投资人、资本市场服务。

2004 年，美国评估师协会（ASA）、美国评估学会（AI）等联名致函美国证券交易委员会（SEC），称赞公共公司会计监管委员会（PCAOB）提出的认可评估师为审计活动中专家的规则提案（proposed rule）。提案针对第三号审计准则，指出："委员会相信依赖专家是一个十分重要的环节。专家在审计业务中扮演重要的角色。例如，评估师（appraiser）、精算师（actuaries）和环保咨询师（environment consultants）在资产价值、计算假设、环境损失准备等方面提供十分有价值的数据。……如果审计师在确定可用于出售的商业性资产公允价值方面依赖评估师的工作，审计师应当确信获得完整的评估文件。"在联名信函中，相关评估协会提出："我们支持公共公司会计监管委员会承认评估师为专家。正如委员会所熟知的，财务会计准则委员会（FASB）制定的准则中经常反映市场价值概念，因此，评估专业人士的工作在财务报告和审计中正发挥越来越重要的作用。"评估协会在信中再次重申他们对 2002 年萨班斯法所提出的审计业务分离政策的支持："专家的独立性使得在审计程序中能够获得另一种验证，这将有助于提高审计师'最终报告'的客观性和独立性。"

安然事件等会计丑闻对美国会计准则体系构成很大压力，在资本市场和证券市场的压力之下，一向与国际会计准则委员会保持距离的美国财务会计准则委员会（FASB）也进行了改革，推动美国通用会计准则体系（GAAP）与国际会计准则相融合。FASB 也开始采纳并越来越多地应用公允价值概念，在商誉和企业并购会计准则中已经做出了相关规定。2003 年 12 月，FASB 在其网站上公布了关于公允价值计价的决定，指出在进行公允价值计价时的一个原则是，"公允价值的估计应当建立在评估技术结果的基础上，评估技术应当尽可能地吸收来自活跃市场的市场信息，即使所计量的资产（负债）并不在活跃市场上交易……总而言之，市场信息吸收得越多，公允价值估计的可靠性就越大。"上述变化已经对美国评估业带来重大影响，美国各大评估协会联合起来，积极与会计界、立法界和相关经济部门进行沟通，努力推动评估业与会计业的合作。美国会计准则的变动趋势不仅对会计领域产生重大影响，也对美国评估业乃至国际评估业的发展构成实质性影响。

2006 年 9 月，美国财务会计准则委员会发布的 157 号公告《公允价值计量》，界定了公允价值的含义以及如何取得公允价值，规范了财务报告中的公允价值计量。上述变化对美国评估行业带来了重大影响，美国各大评估协会积极与会计界进行沟通，努力推动评估行业与会计业的合作。美国会计准则的变动趋势不仅对会计领域产生重大影响，也对美国评估行业乃至国际评估行业的发展构成影响。

（三）其他层面的合作和成果

2004 年，国际评估准则委员会应邀成为国际公共部门会计准则联合会咨询组成员，在相关政策制定方面提供评估技术咨询，反映评估界意见。

2004 年，时任国际评估准则委员会主席的约翰·埃居应邀赴巴黎在经济合作和发展组织（OECD）举办的第四届年度会计和预算研讨会上演讲，向来自世界各国财政部门的高级官员介绍国际评估准则委员会。

2005 年以来，国际评估准则委员会多次与美国财务会计准则委员会会谈，讨论相关技术问题。

2004 年 4 月 28 日，普华永道公司发布《会计应用手册——国际财务报告准则在英国的运用》指出："在《国际财务报告准则》认可的评估方法方面，国际评估准则委员会是最权威的国际组织。"

德勤公司 2005 年 12 月发布的财务报告之国际财务报告准则模板中指出："土地和建筑物于 20××年 12 月 31 日由与本集团无利害关系的独立评估师 Messrs. Lacey & King 以市场价值为基础进行重新评估。评估遵守了《国际评估准则》，并以近期市场中类似资产的公平交易信息为基础。"

2006 年，国际评估准则委员会与美国评估促进会签署协议（麦迪逊协议），共同促进国际评估准则和美国专业评估执业统一准则的趋同。协议称，"双方将为形成单一的、可理解的、可执行的全球评估准则共同努力"。这一决定为评估行业的融合起到了促进作用，为评估行业参与会计计量巩固了后方。

五、我国资产评估行业的努力

为了在制度上为财务报告目的评估做好安排，评估行业做了积极争取。2012 年 5 月 17 日，财政部制发了《公允价值会计准则》（征求意见稿）。该征求意见稿在起草过程中，会计行业和资产评估行业等方面已经开始就征求意见稿相关内容特别是公允价值发现主体进行多次公开协商。资产评估行业一直争取由资产评估机构利用估值技术提出公允价值意见，但发布后，其中并没有规定由资产评估机构提供公允价值意见，而是采取了模糊策略。

考虑到公允价值自身的特性、相关专业分工及专业服务独立性等因素，在相关制度安排中，区分公允价值计量相关主体的专业边界，保证发现主体独立于实现主体和运用主体，并进一步明确资产评估机构为公允价值发现主体，在市场不完备的情况下，发挥资产评估专业的价值发现优势，不失为一种合理的制度设计。

（一）在公允价值发现到实现的整个链条中，要厘清专业边界，明确各主体相互独立

企业为反映生产经营的真实状况，增强会计信息相关性，需要资产和负债的公允价值信息，是公允价值的"实现主体"。独立的专业人士，利用专业知识和经验，向企业提供公允价值意见，是公允价值的"发现主体"。企业的会计人员对公允价值进行记录和账务处理，是公允价值的"运用主体"。征求意见稿只明确了公允价值的"实现主体"为企业，对于运用估值技术实现公允价值意见过程中，是否要求独立的专业评估机构作为"发现主体"进行参与，哪些专业评估机构参与，没有明确。当时，我国引入公允价值计量的历史不长，企业通过运用第三方专业力量控制公

允价值计量风险的意识还不强。如果不在制度安排上明确要求企业利用估值技术实现公允价值时借助第三方专业力量，企业可能出于成本考虑，或者调节利润等目的，就可能不寻求外部专业协助，而是倾向于由自身会计人员承担本不胜任的工作，混淆"运用主体"和"发现主体"，增加计量的随意性和计量风险。

在公允价值计量中，评估机构提供公允价值，企业会计运用公允价值，审计机构对公允价值的形成和使用进行审核。明确资产评估机构作为独立的专业力量发现公允价值，有助于解决实现、发现、运用和审核边界不清晰的问题，保证公允价值计量各环节之间的独立性。

国际经验为我们提供了有益借鉴。国际财务报告准则和美国财务会计准则中都允许企业在进行公允价值计量时使用估值技术。虽然两个准则中都没有对估值技术的具体运用做出规定，但实践中，企业按照上述两个准则进行的公允价值计量，大量使用评估专业服务。在中国大陆开展业务的"道衡财务咨询服务公司""仲量联行西门咨询有限公司""德勤咨询服务公司""美国评值公司""普华咨询服务公司"等国际评估（咨询）服务公司作为独立第三方开展会计公允价值服务的情况。这些公司根据国际财务报告准则或者美国财务报告准则，为 H 股公司和 N 股公司提供财务报告目的评估服务。此类业务收入占这些公司评估业务总收入的比例约为 40% ~ 60%。他们开展的相关评估服务主要包括两种。

一是以财务报告为目的的评估业务。据公司相关人士介绍，西门、德勤和美评此类业务收入占这些公司评估业务总收入的比例约为 50% ~ 60%，普华和道衡为 40% 左右。主要业务类型为合并对价分摊、减值测试、金融工具评估和投资性房地产评估，这些业务中涉及的无形资产、金融工具、房地产等资产或者负债，同质程度低，对估值技术需求大。据介绍，由于会计准则允许利用估值技术，审计师通常也要求估值有第三方参与，因此企业一般委托评估机构参与，企业自身确定公允价值的情况很少。

二是担任审计业务中的专家。上述国际评估或咨询服务公司在"公允价值计量和披露"审计业务中，协助审计师对公允价值相关政策和估值技术的运用作出专业判断。此类业务的委托方为审计师。以普华为例，其咨询公司中的评估团队每年为其审计公司提供大量的公允价值技术咨询服务，其工作在审计收费中体现。国际评估准则理事会（IVSC）对评估师担任审计业务专家非常重视。2012 年 6 月，IVSC 发布《评估指导意见——审计程序中评估师的职责》征求意见稿，帮助受聘于审计师的评估师向审计师提供专业意见。IVSC 这一工作动向表明，在公允价值计量方面，国际评估界认可这种评估服务会计、审计的模式，此类业务正逐步走向规范化。

（二）在市场条件尚不成熟的情况下，需要运用专业力量，弥补市场机制不足

公允价值的实现需要倚重透明、活跃、有效的市场。征求意见稿中也对公允价值计量，特别是负债和企业权益工具的计量，提出了优先使用市场数据的要求。但是以公允价值计量的资产或者负债，种类较多且同质程度较低，往往缺乏符合要求的市场，难以通过市场询价方式取得公允价值。即使存在相应市场，由于我国的市场条件与发达国家不完全相同，证券市场和产权市场仍在不断完善，市场中的报价通常难以反映资产或者负债的公允价值。

运用资产评估专业知识和经验，合理发现资产或者负债的公允价值，弥补市场价值发现机制的不足，是现今应当采取的必要手段。

前述国际评估或咨询服务公司的主要业务类型为合并对价分摊、减值测试、金融工具评估和投资性房地产评估，这些业务中涉及的无形资产、金融工具、房地产等资产或者负债，同质程度低，对估值技术需求大。据介绍，企业自身确定公允价值的情况很少，一般委托评估机构参与。我们可以借鉴这种做法，在制度上予以明确并固化。

（三）评估行业具有相应的胜任能力

经过多年的发展，我国评估行业已经具备服务会计公允价值计量的能

力。近八年来，评估行业一直非常重视服务会计计量的研究、实践和人才培养，并投入了大量人力、物力和财力，取得了显著效果，为评估行业承担公允价值评估工作做好了技术、人才和管理准备。

执业标准方面，2001 年以来，我国发布了包括无形资产、房地产、企业价值等评估准则在内的 27 项评估准则，提升了评估行业的服务能力。加强了与境外多个专业组织的交流，参与了财政部"公允价值计量"课题，组织开展了多项与公允价值计量相关课题的研究和专业研讨会，制定了《以财务报告为目的的评估指南》和《投资性房地产评估指导意见》。目前正在针对公允价值计量涉及的无形资产、金融工具等资产类型研究制定财务报告目的准则项目。

专业队伍能力建设方面，资产评估行业多年来在国企改制、并购重组、股权投资、非货币性资产交换、债务重组、股份支付等经济行为中提供了大量的服务，为执行专门的财务报告目的评估业务奠定了实践基础。2006 年，我国会计准则引入公允价值计量模式后，评估行业在投资性房地产评估、金融工具评估、资产减值测试等方面积累了一定经验。评估行业每年举办多期财务报告目的业务研讨班和培训班，促进了行业执业能力的提升。

行业监管方面，各级财政部门和评估行业协会根据自身职责，分别从政府和行业自律角度对评估行业进行监管，建立的有效监管体系，可以保证财务报告目的业务的规范开展。

随着我国企业国际化程度不断提高，以及市场对会计信息相关性要求的不断提高，公允价值计量规模将逐步增大。如果能在制度上明确相关业务由资产评估机构承担，将有利于进一步发挥资产评估的价值发现作用，同时也可以为资产评估行业增加企业日常经营和年报中的常规性评估业务，以及非国资领域初始公允价值计量的评估服务，促进行业跨越式发展。

第三章

财务报告目的评估的
理论问题分析

第一节　财务报告目的评估要素与其他
目的评估要素异同分析

在对一项评估业务的认识过程中，基本业务要素需要明确。根据我国资产评估师考试教材的描述，评估作为一种评价过程，会涉及以下基本的评估要素：一是评估主体，即从事资产评估的机构和人员，他们是资产评估工作的主导者。二是评估客体，即被评估的资产，它是资产评估的具体对象，也称为评估对象。三是评估依据，也就是资产评估工作所遵循的法律、法规、经济行为文件、重大合同协议以及取费标准和其他参考依据。四是评估目的，即资产业务引发的经济行为对资产评估结果的要求，或资产评估结果的具体用途。它直接或间接地决定和制约资产评估的条件，以及价值类型的选择。五是评估原则，即资产评估的行为规范，是调节评估当事人各方关系、处理评估业务的行为准则。六是评估程序，即资产评估工作从开始准备到最后结束的工作顺序。七是评估价值类型，即对评估价值的质的规定，它对资产评估参数的选择具有约束性。八是评估方法，即资产评估所运用的特定技术，是分析和判断资产评估价值的手段和途径。九是资产评估假设，即资产评估得以进行的前提条件假设等。十是资产评估基准日，即资产评估的时间基准。以上要素构成了资产评估活动的有机整体。① 而根据资产评估准则的表述，评估业务基本要素还包括评估报告使用者和评估报告类型等重要内容。

作为一项正常评估业务，财务报告目的评估业务基本要素与传统评估业务的基本要素内涵基本一致，特别是在评估主体、评估原则、评估依据等方面，基本相同，都遵循评估的一般原理。但也在某些具体要素方面存在不同。

一、评估报告使用者

评估报告使用者是根据评估结论作出决策的人或机构。

传统评估业务中，评估报告使用者包括委托方、业务约定书中约定的其他报告使用者和国家法律、法规明确的评估报告使用者。除此之外，任何机构或个人不能由于得到评估报告而成为评估报告使用者。评估报告使用者集合关系如图 3 – 1 所示。

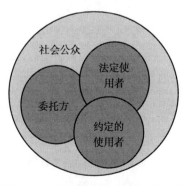

图 3 – 1　评估报告使用者集合关系

---

① 中国资产评估协会. 资产评估［M］. 北京：中国财政经济出版社，2017.

就财务报告目的评估业务而言,评估报告使用者首先应当是企业,企业需要以评估报告为参考进行账务处理。如果企业是上市公司,则评估报告使用者应当是全体公众,因为社会公众都是上市公司的潜在投资者,需要以公司的财务报告为参考进行决策。从图 3 - 1 可以看出,传统评估业务的评估报告使用者是三个小圆的并集,而财务报告目的评估业务的报告使用者,有时会扩大到整个社会公众集合。这种情况下,评估师应当考虑到评估报告使用者的广泛性和不确定性,在执行财务报告目的评估业务时合理运用评估假设,正确处理所受到的限制,保证评估结论对于社会公众来说是合理的,不会引起误导。

二、评估目的

评估作为一种资产价值判断活动,总是为满足特定资产业务的需要而进行的,在这里资产业务是指引起评估的经济行为。通常把资产业务对评估结果用途的具体要求称为评估目的。评估目的是由引起评估的特定经济行为(资产业务)所决定的,它对评估结果的性质、价值类型等有重要的影响。评估目的不仅是某项具体评估活动的起点,同时它又是评估活动所要达到的目标。评估目的贯串着评估的全过程,影响着评估人员对评估对象界定、资产价值类型选择等。它是评估人员在进行评估时必须首先明确的基本事项。

传统评估业务的评估目的有多种,如资产转让、企业兼并、企业出售、企业联营、股份经营、中外合资、合作、企业清算、抵押担保、企业租赁、债务重组等。

财务报告目的评估业务中,评估目的是显然的,这项业务本身就是以评估目的命名。但具体到某项业务,有的可能是为了确定资产的减值程度,有的可能是判断期权激励的可行性。这种具体的业务中,评估目的的表述应当清晰切题,以便评估报告可以更清晰地传达业务信息。

三、评估对象

评估对象是指评估师价值结论的载体。

传统评估业务的评估对象有复杂的分类，如具体资产、资产组、股东全部权益、股东部分权益、企业整体资产等，其划分通常是以能否单独交易或发挥功能为标准。

财务报告目的评估业务中，评估对象的确定也比较复杂。在这类业务中，如果某项资产可以单独产生现金流量，则通常可以单项资产为具体评估对象。如果单项资产不能独立产生现金流量，则要选取与该资产共同发挥职能的其他资产一起组成资产组作为评估对象。这个资产组应当是产生独立现金流量的最小资产组合。在财务报告目的评估业务中，即使单项资产可以单独转让、移动，只要不能单独产生现金流量，就不能作为评估对象。这是此类业务中与其他业务不同的地方。

传统评估业务评估对象中的资产组与财务报告目的评估业务评估对象的资产组划分标准不同。一个是能否共同发挥功能，一个是能否共同产生现金流。例如，缺乏关键设备的生产线可以单独转让，可以在交易目的下进行评估，但由于没有关键设备，生产线无法生产，不能产生现金流，因此在财务报告目的评估中不能单独作为评估对象。

四、评估基准日

评估基准日是评估结论成立的时点。评估基准日产生于评估的时点原则。市场是变化的，资产的价值会随着市场条件的变化而不断改变。为了使评估得以操作，同时又能保证评估结果可以被市场检验。在评估时，必须假定市场条件固定在某一时点，这一时点就是评估基准日。它为评估提供了一个时间基准。评估的时点原则要求评估必须有评估基准日，而且评估值就是评估基准日的资产价值。

　　传统评估业务中，评估基准日的确定需要考虑不同因素，通常应当考虑有利于评估结论有效服务于评估目的，有利于现场调查、评估资料收集等工作的开展。在以交易为目的的评估中，基准日因交易期的不同而不同，由委托方根据具体情况确定。企业价值评估中，出于系统性管理、方便交易的需要，基准日通常选择会计期末。

　　在财务报告目的评估业务中，对于初始计量，则资产记账日为基准日。企业合并中，基准日应当是购买方有效获得被购买方控制权的日期，与法律上的购买完成日不同。后续计量时，评估基准日通常是财务报告日。但减值测试业务的基准日可能是任何时间，不过每年尽量相同。

五、评估报告类型

　　评估报告是指评估师在履行了必要的评估程序后出具的，载有评估师对评估对象在评估基准日特定目的下的价值所发表专业意见的书面文件。美国专业评估执业统一准则中把评估报告分为完整评估报告和限制用途评估报告，我国评估准则基本引用了这一思路，将评估报告分为一般用途评估报告和仅供委托方使用评估报告。一般用途评估报告形成过程中评估师没有受到不合理限制，评估结论合理性能够合理保证，评估报告可以供委托方、约定的使用者、其他法定使用者使用。仅供委托方使用的评估报告在评估程序和评估结论的适用范围方面有限制，为防止误用评估结论，不能供委托方以外的其他方面使用。

　　传统评估业务的评估报告可以根据不同业务情况，出具不同类型的评估报告。

　　由于财务报告通常具有公共产品属性，所以在财务报告目的评估业务中，其报告使用者不仅仅局限于委托方企业。特别是在上市公司中，财务报告是向社会公众公开的，全体公众都是潜在的使用者，因此，财务报告目的评估业务的报告类型应当选取一般用途评估报告。评估师执行财务报告目的评估业务，如果受到程序性限制，无法保证评估结论合理性，评估师应当考虑解除业务约定。

六、评估假设

评估假设包括评估业务进行的前提和一些评估结论依赖的基础。评估假设的定义没有统一的表述，内涵也没有达成共识。评估师在运用评估假设时应当合理进行判断，分析评估假设对评估结论的影响程度。

传统评估业务中的评估假设通常包括：宏观层面的假设，如相关政治、法律、财政、经济等宏观情况；与评估对象经营活动相关的税收及企业法规；利率、汇率变化等。具体层面的假设，如对评估对象的物理、法律、经济状况的假设；对评估对象外部状况的假设，如市场状况或趋势；对评估分析中运用数据的完整性的假设；评估对象未来管理和业务运作战略；企业未来财务预测中涉及的收入、成本、费用、资产、负债、现金流等；关联交易是否是以公平交易为基础；等等。

财务报告目的评估业务中，评估假设基本也包括上述内容。评估师可以在假设中包括一些基本的内容，如持续经营、宏观情况稳定、评估对象状况稳定、企业提供的数据资料完整、关联交易公平等。

七、评估方法

评估方法有两个层次。一个层次是按技术思路划分的途径层次；另一个层次是不同思路中的具体技术运用方法。国际评估准则中分别表述为途径（approach）和方法（method）。我国的资产评估准则中没有区分两个层次，统一称为评估方法，但也在评估方法中分为基本方法和衍生方法。我国资产评估基本准则中规定，确定资产价值的评估方法包括市场法、收益法和成本法三种基本方法及其衍生方法。

虽然从名称上看似乎成本法和收益法没有考虑市场信息，但实质上三种评估方法的正确运用都需要以市场信息作为评估依据。国际评估准则中明确指出，市场价值的评估方法包括成本法、市场法和收益法。

传统评估业务中对三种方法的运用根据评估资料收集情况、评估目的、价值类型等业务条件确定。评估方法没有优劣先后之分，只能根据业务具体情况和数据收集情况选择使用。不同评估方法所需要的条件同时具备时，评估师应当考虑使用多种评估方法形成评估结论。

从公允价值的估算层次来看，财务报告目的评估业务中似乎以市场法为先。根据会计准则的规定，公允价值的估算层次具有优先顺序，从活跃市场数据到不可观测数据依次降低。德国甚至作出具体规定，要求在购买价格分配的公允价值决定过程中，市场途径优先。市场途径不能用时，才用收益途径。如果前两种途径都不能用时，这才使用成本途径。减值测试时，成本途径不允许使用。这一规定事实上造成一种潜规则，即市场法优先。其实，会计准则中提出的公允价值估算层次是在没有考虑评估行业参与的情况下设计的。而且，以数据的来源为标准判断其可靠性，本身是一种不完善的做法，还应当考虑数据形成的过程等其他因素。评估师的参与可以在数据来源的基础上，加入专业判断程序，对数据进行加工、整理，从而增强数据的可靠性，而这一过程是不受评估方法的影响的。因此，从评估行业角度来看，三种评估方法没有优劣和优先使用之分。

由于财务报告目的评估业务具有连续性的特点，即在企业存续期内，每年甚至一年内多次执行业务，这就涉及评估方法的前后期对比问题。会计准则要求，同一业务的评估方法前后期应当一致。评估方法也能进行变更，前提是变更后能和原来的方法一样或者能比原方法更好地反映公允价值。根据这些要求，评估师在选择评估方法时应当考虑这些要求，应当与会计师积极沟通，在满足评估业务要求、保证评估结论合理性的前提下，尊重会计师和会计准则的要求。

八、价值类型

价值类型是指评估师根据评估目的等相关条件对评估结论及其表现形

式的价值属性和定义的抽象和归类。虽然会计和评估有着千丝万缕的联系，但两个学科毕竟各自有独立的发展历程，在两个学科的发展过程中，也各自形成了独立的概念体系。价值类型是评估中的概念，公允价值是会计中的概念。

在评估行业为公允价值的估算提供服务时，不可避免地会遇到一个问题，就是评估中以何种价值类型与公允价值对接。评估结论是有价值类型的外衣的，评估师执行业务，需要根据评估目的等相关条件选择适当的价值类型，并对价值类型予以明确定义。第七版《国际评估准则》引言中指出，"除市场参与者（买者和卖者）的买卖能力外，物品或服务的价值也受其替代经济用途或功能的影响，可能反映不寻常或不典型的市场状况"。"企业资产的所有者、投资者、保险人、估税官、清算师以及非正常购买者可能会在具有同样理性和充分理由的情况下对同一资产提出不同的价值要求"。"具体的价值定义用以明确物品或服务的不同类型价值，因此，使用'价值'这一术语时，应当始终配合运用特定的价值定义"。在这一理念支持下，国际评估准则开发了一整套价值体系，并提倡在评估业务中使用价值类型概念。

在财务报告目的评估业务中，应当选择什么样的价值类型。这一问题在目前的实践中，各国都是采取了回避的态度，没有进行深入研究。国际评估准则中的"国际评估指南1：财务报告目的评估"对该类业务作了相关规定，但在这个指南中，一向注重价值类型运用的国际评估准则委员会似乎也出现了疏忽，没有在指南中对价值类型进行明确。许多国际评估界专家在不同场合对这一问题进行过讨论，但未能形成统一的认识。目前评估界已经默认只做不说的方式，在迷惑中悄悄发展这块业务。根据美国评值公司的做法，他们在财务报告目的评估业务中，评估报告中载明的价值类型采取模糊策略，直接使用"公允价值"概念。这是一种不得已而为之的做法。而作为一种业务，在评估与会计的结合方面，这一问题终究应当面对，评估行业应当对此有一个合理的解决。

下面将对这一价值类型对接问题进行论述。

第二节　评估价值内涵及市场价值与
公允价值的关系

评估价值类型与会计公允价值的对接是财务报告目的评估面临的重要理论问题。推进财务报告目的评估业务顺利发展，价值类型的对接是不可逾越的。下面从评估价值类型内涵的分析入手，判断确定与公允价值匹配的价值类型。

一、评估结论的价值类型

反映着评估最新研究成果的国际评估准则，是价值类型理论的先驱，在对"价值"① 进行界定的基础上，国际评估准则建立了价值类型的体系。下面从价值类型的内涵入手，对主要价值类型进行分析。

（一）评估业务中价值类型的含义

1. 评估结论的经济内涵

评估结论是指评估师执行特定评估程序后，对评估对象在评估基准日特定目的下的价值发表的专业意见。评估结论受评估对象本身效用的影响，但也受具体评估业务条件的左右。而在评估业务中，由于评估总是因

---

① 价格、成本、价值等概念是资产评估中最基本的概念，同时也是争议最大的概念。根据马克思主义经济学理念，价值是人类必要劳动的凝结，价格是价值的体现，围绕价值作变动。通常评估中的价值与我们熟悉的马克思主义价值并不相同，这也引起了许多不必要的争论，有些评估师甚至要求国内的评估准则中不要使用价值概念，而改用价格概念。评估中的价值与价格可能更接近。国际上除社会主义国家外，其他资产主义国家对价值的研究较少，西方经济学是通过供给与需求的关系，对价格的研究较多，而其价格（price）与价值（value）的界线并不是很清晰。评估界普遍使用的 valiation 一词所指代的评估业务的功能其实就是定价咨询。《国际评估准则》在总结相关国家评估理论研究成果的基础上，避开了不必要的争论，指出价格和成本是事实，而价值是对资产在一定条件下应当进行交易的价格的估计额。

某种经济行为而起，所以，对具体经济行为的内涵关注较多，导致评估业务中影响评估结论的因素主要是经济行为的具体方式，即评估行业所说的评估目的。评估结论是评估对象在特定目的下的价值。正是评估结论的这一特征才产生了评估业务中不同的价值类型。

2. 评估结论的价值类型

多年来，我国国有资产评估中评估目的单一，评估结论的内涵的经济性体现不充分。随着评估理论研究在我国的深入，评估结论的本来面目逐渐在我国评估业务中体现，评估管理中也逐渐考虑了评估结论的本质。我们可以很形象地举例来说明这一问题。假设有一座非住宅商用楼房，其建筑成本 5000 万元，待售。现在假设有两个买方，一个买方 A 欲购入作为购物商场，另一买方 B 欲购入作为餐饮酒店，如表 3 - 1 所示。A 经测算，楼房所在地属客流中等密集区，购物商场可以较好盈利，愿出价 6500 万元购买。B 也认为楼房所在地也可支持较高的就餐客源，且交通便利，是较好的投资目标，愿出 7000 万元购买。而楼房的所有者经评估，认为当前市场上对该楼房普遍的预期价值为 6000 万元。这时，在我们面前有三个与售价有关的数值：6000 万元、6500 万元和 7000 万元。这三个数值对于楼房价值的揭示看似矛盾，但如果把握这三个数值与各自形成的目的结合起来，三个数值又都是合理的。6000 万元是不设定用途，不限制购买方情况下当前市场上对该楼房普遍的预期价值，可以认为是楼房的市场价值。6500 万元是 A 在设定用途下的价值，可以认为是楼房对买方 A 的投资价值，7000 万元是楼房对买方 B 的投资价值。如果楼房参加拍卖，6000 万元可能是卖方期望的底价，6500 万元是买方 A 的出价上限，7000 万元是买方 B 的出价上限。通过这个例子我们可以看出，如果不对评估结论的内涵加以限定，单纯给出一个数值是没有意义的，也容易造成误解。这就体现出价值类型的重要性。

表 3 - 1   楼房价值分析   单位：万元

	A	B	业主	成本
用途	商场	酒店	无	
价值	6500	7000	6000	5000
是否合理	合理	合理	合理	合理

(二) 主要价值类型介绍及基本思路

1. 部分国家和地区价值类型介绍

由于本国经济对评估需求不同，评估业务的价值类型在各国（地区）也不尽相同。为充分了解价值类型的思路，需要对评估行业发展较早，理论体系和准则体系较完善的国家和地区价值类型研究和运用情况进行简要分析。由于评估准则对价值类型的体现和运用最具有代表性，也与实践结合的最紧密，因此，以下的分析主要集中在评估准则上：

（1）欧盟：2003 年的第五版《欧洲评估准则》中对价值类型作出了规定。包括：市场价值、市场租赁价值、最佳使用价值、当前用途价值、替代用途价值、持续使用价值、抵押租赁价值、企业价值、权益价值。

欧洲评估业长期以来主要涉及不动评估领域。随着评估业的综合发展，欧洲评估业近十年来也在向不动产评估和财务报告目的评估业务以外的领域拓展，反映到《欧洲评估准则》中，从其第四版中已经开始涉及其他商业目的等领域。反映在价值类型的使用方面则是多样化发展。如服务于银行的抵押租赁价值等。

（2）澳大利亚和新西兰[①]（以下简称"澳新"）：澳新准则中使用了市场价值、替代用途价值、假设完工价值、预期完工日价值。

其市场价值含义与其他准则中的市场价值基本相同，替代用途价值等价值类型则是带有澳新特色，受房地产行业影响较深。对财务报告目的评

---

①   由于地理位置和经济联系等因素，澳大利亚和新西兰使用相同的评估准则。

估价值类型关注不够。

（3）中国香港：由于历史原因，中国香港的评估业受英国影响较重。2005年，香港启动自己的评估准则制定工作，已经发布《企业价值评估准则》。香港准则中使用了公开市场价值、持续经营价值、替代用途价值、强制销售价值。其价值类型定义充分借鉴了国际评估准则。公开市场价值指的就是市场价值。

（4）美国：美国最具影响的评估准则是《专业评估执业统一准则》。《专业评估执业统一准则》中没有提出具体的价值类型概念，但提出了价值基础（valuation base）的概念，并要求评估师在评估报告中说明价值基础。通读准则可以发现，价值基础实质也是价值类型，只是没有具体化，评估师也要把评估结论的适用前提说清楚。可以这样认为，其他准则中是把评估结论的适用前提进行了总结、归纳，形成了一些常用的类型并赋予特定名称。而美国的准则中则把总结、命名的工作交给了评估师。评估师在这一方面具有较大的自主性。

（5）英国：英国皇家特许测量师学会制定的准则（"红皮书"）具有巨大影响力，是英国唯一公认的评估准则。"红皮书"中给出了市场价值定义，没有给出其他价值类型的定义。"红皮书"主要服务于不动产评估。其市场价值类型定义与其他准则中的定义基本相同。"红皮书"中也包括了一些特定的价值类型，如折余重置成本，在出现这些术语时，"红皮书"中含义并不与其他准则冲突。

2. 国际评估准则中价值类型介绍

国际评估准则委员会制定和努力推广的《国际评估准则》（International Valuation Standards，IVS）是目前最具影响力的国际性评估专业准则。长期以来，受传统评估业的影响，《国际评估准则》中的相关内容主要以不动产评估为主。近年来随着国际评估业综合发展的趋势，《国际评估准则》逐步扩大到各类评估领域，2005年国际评估准则委员会发布第七版《国际评估准则》，自此，《国际评估准则》成为名副其实的国际标准。

《国际评估准则》中使用的主要价值类型包括：市场价值、租赁价值、拍卖价值、当前净值、当前用途价值、强制销售（清算）价值、自用或租金收入价值、持续经营价值、最佳使用价值、赔偿价值、投资价值、租赁权价值、组合价值、抵押租赁价值、可实现净值、复原价值、回收价值、特殊买方价值、持续使用价值。

《国际评估准则》将所有的评估业务分为两大类：市场价值评估和非市场价值评估。市场价值概念是《国际评估准则》中最重要的概念，《国际评估准则》中给出了市场价值的严格定义，在此基础上形成了评估准则、应用指南和评估指南。

3. 各种价值类型的含义

市场价值是各国评估行业中普遍使用的概念，各国评估理论和评估准则中关于市场价值的定义不尽相同，但大多只是措辞上的区别，其基本组成要件大致相同。《国际评估准则》中市场价值的定义如下：市场价值是自愿买方与自愿卖方在评估基准日进行正常的市场营销之后所达成的公平交易中，某项资产应当进行交易的价值估计数额，当事人双方应各自理性、谨慎行事，不受任何强迫压制。

非市场价值。《国际评估准则》中并没有给出非市场价值的定义。非市场价值又称市场价值以外的价值或其他价值，指所有不满足市场价值定义的价值类型。因此非市场价值不是个体概念，而是一个集合概念，指不满足市场价值定义的一系列价值类型的集合，主要包括在用价值、持续使用价值、投资价值、保险价值、纳税价值、剩余价值、清算价值等。

在用价值是指作为企业组成部分的特定资产对其所属企业能够带来的价值，而并不考虑该资产的最佳用途或资产变现所能实现的价值量。在用价值是特定资产在特定用途下对特定使用者的价值，因而是非市场性的。

投资价值是指资产对于具有明确投资目标的特定投资者或某一类投资者所具有的价值。这一主观概念将特定的资产与具有明确投资目标、标准的特定投资者或某一类投资者结合起来。

持续经营价值是指企业作为一个整体的价值。这一概念涉及对一个持续经营企业进行的评估，由于企业的各个组成部分对该企业的整体价值都有相应的贡献，可以将企业总的持续经营价值分配给企业的各个组成部分，但所有这些组成部分本身的价值并不构成市场价值。

保险价值是指根据保险合同或协议中规定的定义所确定的价值。计税、课税或征税价值是指根据有关资产计税、课税和征税法律中规定的定义所确定的价值。有的司法管辖当局可能会引用市场价值作为征税的基础，但所要求的评估方法可能会产生不同于市场价值定义的结果。

剩余价值是指假设在未进行特别修理或改进的情况下，将资产中所包含的各组成部分进行变卖处置的价值。剩余价值不是继续使用时的价值，且不包括土地价值在内。该价值中可能还需考虑总的处置成本或净处置成本，在后一种情况下可能等同于可变现净值。

清算价值或强制变卖价值是指在销售时间过短，达不到市场价值定义所要求的市场营销时间要求的情况下，变卖资产所能合理收到的价值数额。在某些国家，强制变卖价值还可能涉及非自愿买方和非自愿卖方，或买方在购买时知晓卖方不利处境的情况。

特殊价值是指资产价值量超出和高于其市场价值的部分。特殊价值是由于该资产与其他资产存在物理性、功能性或经济性组合而产生的，比如相邻资产。特殊价值是针对特定的资产所有者或使用者、未来特定所有者或使用者的资产价值升值，而不是针对整个市场，即这种价值升值是针对具有特殊兴趣的购买者。

（三）价值类型引入的意义

价值类型的引入使评估业务有了方向性，评估结论的经济内涵逐步走向清晰，也使评估行业服务于其他行业有了技术上的标志。

姜楠指出，资产评估价值类型的设计与选择可以实现两个目标，一是为资产评估确定公允价值提供坐标或标志。"对于一个相对的概念和指标如何把握呢？寻找一个坐标或标志是非常重要的"。二是资产评估是专业人士向非专业人士提供的专业服务，保证资产评估报告和评估结论被正确理解和使用是资产评估的最终目的。价值类型的引用可以向评估报告使用人做明确的披露和详尽地说明评估结论内涵①。

国际评估准则委员会常务理事、美国评估师协会（ASA）资深会员、企业价值评估专家格雷戈·吉伯特（Greg Gibert）先生认为：在美国，市场价值概念和定义早在 1930 年就已被广为认同。我们历史上发生的多次经济困难，都可部分地归咎于对市场价值概念的不严格和不适当运用。通过把市场价值作为各种市场的价值的标准（standard of value for all market），我们认为消费者和投资者的信心有所增强，市场秩序更加稳定，避免了市场价值体系建立之前对价值的滥用、错误阐述和误解。市场价值是一个非常重要的自由市场概念。

美国资深无形资产和企业价值评估专家戈登·史密斯（Gordon Smith）先生认为：一般的情况下，我们使用价值前提（premise of value）的说法。这表明我们认为存在不同的价值定义，可适用于不同的评估目的。我们把选取适当价值前提的权力留给评估师，并要求评估师说明并定义所用的价值前提，以便评估报告使用者能够清楚地理解。

通过上述分析可以看出，价值类型理论在评估实践中的意义在于：

（1）同一资产具有不同类型的价值，评估师应当避免使用未经定义的、笼统的价值概念。

（2）评估师应当在与客户进行充分讨论之后，根据评估目的选取合适的价值类型。

（3）评估师应当对选用的价值类型进行明确定义和说明。

二、我国价值类型应用现状及其对公允价值确认的影响

（一）评估准则中已经引入

资产评估准则基本准则中要求评估师在评估报告中明确评估结论的价

---

① 姜楠. 再论资产评估准则中的价值类型选择——关于《资产评估基本准则》中价值类型的阐释 [J]. 中国资产评估, 2005 (8).

值类型。

各国指导评估实务的评估准则中都对价值类型有详细规定。根据我国资产评估准则建设的整体规划，促进评估理论与价值类型的结合是一项重要内容。虽然资产评估基本准则已要求注册资产，但实际中评估机构还没有能力对价值类型准确把握，因而没有对价值类型进行定义。没有明确价值类型定义的评估结论会缺乏其价值内涵和适用的前提与范围。中国资产评估协会制定、财政部发布的《资产评估基本准则》中也要求评估师明确评估结论的价值类型，此后中国资产评估协会发布的《金融不良资产评估指导意见》对价值类型作了大胆尝试。这种对价值类型的重视是评估本质的体现。指导意见对金融不良资产处置中常用的市场价值、清算价值、投资价值和残余价值等价值类型进行分析，给出了这些价值类型的定义。对价值类型进行定义，有利于澄清目前行业内存在的对价值类型理论的模糊认识，有利于引导注册资产评估师正确确定专业意见的价值类型，有利于报告使用者合理使用专业意见。

(二) 实践中掌握不够

价值类型在准则中的引入，从目前来看，其引导意义远大于其实践意义。评估师在评估报告中对评估结论价值类型的表述可谓五花八门，有些其实是错误的。这说明评估师虽然知道需要按照准则要求明确价值类型，但如何确定价值类型、如何选择价值类型、如何定义价值类型等，仍然没有规范的做法，有些评估师甚至根本不知道怎么做。在对河北省评估机构进行的一项价值类型运用调查中发现，能主动运用价值类型的只有1/4。价值类型使用频率情况如图3-2所示。

(三) 效果初步显现

虽然评估师对价值类型运用掌握不够，但准则中引入价值类型的初衷已经基本达到。准则中当初引入价值类型，主要目的不是一蹴而就地要求

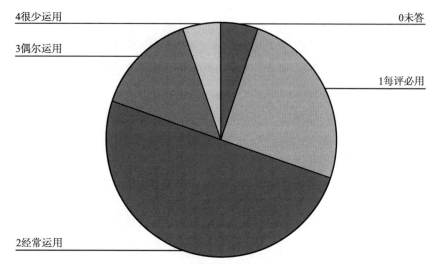

图 3 - 2　价值类型使用频率情况比例

注：0 代表对调查未做回答，1 代表能主动使用价值类型；2 代表较多运用，但并没有主动使用；3 代表偶尔运用价值类型；4 代表很少运用价值类型。

评估师在报告中熟练运用价值类型概念，在我国十多年评估结论没有明确价值类型的背景下，这也是不现实的。引入价值类型概念更多是告诉评估师在执行评估业务时注意评估业务的目的是什么，告诉报告使用者评估结论针对什么样的用途，不要把适用于特定目的的评估结论运用于其他目的。也是告诉监管方不要泛泛地指责评估师，当出现因评估报告的使用而衍生的问题时，应适当分清责任，要分析到底是评估师不当出具评估报告，还是使用者不当使用评估报告。

（四）对价值类型的不理解造成的影响

实践中乱用价值类型，甚至不用价值类型的情况，影响了实务界对价值类型的理解，使评估界在面临财务报告目的评估业务时，由于没有对接点而无从下手。在国外经验没有引进，甚至国外也没有系统研究的情况下，影响了我国评估界对财务报告目的评估业务的开拓。

三、不同评估价值类型与公允价值计量属性的匹配关系

对评估价值类型的分析，最终目的是寻求与公允价值计量属性匹配的价值类型，并在财务报告目的评估业务中运用。为寻找这一匹配关系，我们还需要看一看不同评估价值类型之间的关系。

（一）价值类型的基本结构

总体上，价值类型分为市场价值和非市场价值。非市场价值又可以按不同标准分类。如评估目的、适用范围、资产处置方式等，如表 3 - 2 所示。

表 3 - 2　　　　　　　　　　评估价值类型体系

价值类型分类	市场价值	不区分评估目的、适用范围、处置方式等		
	非市场价值	按经济行为的目的	保险目的	保险价值
			纳税目的	纳税价值
			清算目的	清算价值
		按适用范围	仅适用于特定投资者	投资价值
			仅适用于本企业	在用价值、持续经营价值
		按资产处置方式	资产拍卖	拍卖价值
			资产清理	剩余价值
			持续现用途使用	在用价值、持续经营价值
		其他标准	.	—

（二）评估价值类型与公允价值的匹配分析

公允价值计量的目的是提供决策有用的财务信息，使财务报告真正能够反映企业资产的市场信息。我们可以对照表 3 - 2，分析不同价值类型

与公允价值的匹配①。

公允价值用于会计记账，显然按经济行为的目的和资产处置的方式形成的保险价值、纳税价值、清算价值、投资价值、拍卖价值、剩余价值等价值类型被排除在匹配之外。

但其中比较容易误解的是在用价值和持续经营价值。在用价值是针对特定单项资产，持续经营价值针对特定企业。两个价值类型都反映资产现有用途下的价值。从字面看，似乎与公允价值所服务的会计记账相吻合。但从本质上看，公允价值与这两个价值类型是不匹配的。公允价值隐含了对所有市场参与者的价值，在资产用途方面，公允价值还要求资产的最佳用途②。而在用价值和持续经营价值不符合这些要求。

其他一些不常用的价值类型通常是在非常特殊的情况下使用的价值类型，与公允价值的环境无法吻合。

在运用排除法后，只剩下市场价值存在与公允价值匹配的可能。评估行业使用的市场价值概念是国际评估准则委员会 1985 年确立的一个评估概念。它的确立目的是使评估行业以专业技术提示评估对象的可以被市场普遍认可、普遍使用的价值，这一概念曾是国际评估界划时代的事件，它为国际评估准则委员会确立了评估理论方面的领导地位。这一概念在国际评估准则委员会制定的国际评估准则中得到充分体现，为国际评估准则的推广打下了坚实基础，国际评估准则委员会为市场价值的评估提供了大量可操作的指导，使市场价值的使用和推广有了技术保障。市场价值是反映市场对资产价值的认识，是不考虑特定目的、特定资产处置方式、特定用途的价值，它与公允价值存在质的相似性，可以与公允价值匹配，是财务报告目的评估业务中应当使用的价值类型。

下面用第三节对公允价值与市场价值匹配的理由进行分析。

---

① 即寻求可以被会计师用作公允价值的评估价值类型，为简化叙述，使用"匹配"一词。
② 后将详细解释，本处不再说明。

第三节 市场价值与公允价值在 评估业务中的对接分析

市场价值与公允价值二者经济范畴不同。市场价值是评估学中的概念，是评估对象在特定目的下的价值类型，应用于特定评估业务。公允价值是会计学中的概念，是资产负债表项目（现金产出单位）在特定计量模式下的价值类型。

国际会计准则中没有提及评估中的市场价值，只是说在某些情况下，可以利用评估师的结论。国际评估准则中则含蓄地认为，财务报告目的评估业务中，评估师应当报告市场价值。如果企业选择公允价值模式进行账务处理，评估师采用市场价值符合这一模式的要求。①

评估服务于会计计量已经成为现实并逐步在世界范围内形成一种趋势。我们不妨想一下，一个评估师在承接一项财务报告目的评估业务后，他会先考虑自己应当评估出一个什么价值来向委托方提交，怎么样才能使委托方认为这个价值是适当的并将之用于会计科目的计量。他会想会计中的公允价值到底要反映什么内容。通过分析，他会发现，会计中的公允价值原来是要把资产的市场信息反映进企业的财务报表，使企业的财务报表更能反映贴近市场的信息。想到这里，他会分析哪一个评估价值类型能实现公允价值的这一理想。分析到这里，市场价值自然会进入他的思维。这是一个非常合理的分析思路。我们可以从定义、经济内涵、在体系框架中与其他部分的关系等方面来印证这一思路的合理性。

一、市场价值与公允价值定义的相似性

市场价值和公允价值两个概念，以及对二者的对比表述在会计和评估

---

① 本部分内容参考了"国际评估应用指南1财务报告目的评估"5.4，5.5，5.6，5.7内容。

研究资料中并不少见。但我们在阅读这些资料时一定要有一个基本的前提观点：许多会计资料中也会出现"市场价值"这几个字，但联系上下文进行分析，会发现这个市场价值代表的含义通常并不是指评估中的有严格定义的市场价值。评估资料中也经常会出现"公允价值"这几个字，但大多数情况下，评估资料中的"公允价值"并不是指会计中的有严格定义的公允价值，往往是作者在表达一些意思时对"公允"和"价值"两词的随意组合或两个词的无意巧合。所以仅从现有评估与会计资料中查找市场价值与公允价值的关系，会如坠迷雾，常常会发现每一个人的观点都是不同的。再加上公允市场价值、公开市场价值等英语或中文翻译的干扰，到现在，特别是在评估与会计关系日益密切的近几年，公允价值与市场价值的关系反而越来越模糊。

从国际上的做法看，在财务报告目的评估业务中，评估行业多以市场价值作为此类业务中评估结论的价值类型。根据国际评估准则，评估师执行财务报告目的评估业务时，在特定资产公允价值的估算方面，可以对市场价值进行直接引用。例如，如果被评估资产可以从企业资产中分离，公允价值减销售费用由资产的市场价值减预期合理的销售费用得出。[①] 但这种做法回避了市场价值和公允价值的经济联系，将二者直接加以对比，对于加强评估界与会计界的合作没有提供有力的理论依据。

以下从二者的定义出发，通过分析市场价值和公允价值的内涵，揭示二者的相似，确立二者之间在财务报告目的评估业务中的联系。

（一）市场价值的定义

市场价值英文表示为 market value，几个影响较大的评估准则对市场价值的定义如下：

（1）《国际评估准则》的定义：自愿买方与自愿卖方在评估基准日进行正常市场营销后所能达成的公平交易中，某项资产应当进行交易的价值

---

① 本部分内容参考了"国际评估应用指南 1 以财务报告为目的的评估" 6.8.2 内容。

估计额，当事双方应当各自精明、谨慎行事，不受任何强迫压制。

（2）美国专业评估执业统一准则（USPAP）的定义：历年来的美国不同版本的 USPAP 中没有市场价值的明确定义，只是表述为：市场价值是假定资产产权（即所有权或类似权利组合）变动时，在特定日期，根据评估师对具体评估中所用定义设定的具体条件，以评估师意见形式发表的某一类型的价值。就市场价值发表意见，是许多不动产评估业务的目的，特别是在客户的期望用途中包含多个使用者时。市场价值定义中的各项限定条件为形成市场价值意见设定了市场框架。这些条件可能在不同定义中有所不同，但总体上可分为三类：一是各当事方（即买方和卖方）的关系、经验和动机；二是付款方式（如现金、现金等价物等其他条件）；三是销售条件（如销售前在竞争市场上的合理展示期）。在每项市场价值评估中，评估师应当注意明确市场价值的确切定义和使用限制。

（3）欧洲评估组织联合会制定的欧洲评估准则中使用了两个市场价值定义。一是欧盟相关法律中对市场价值的明确定义，二是国际评估准则的定义。欧洲评估组织联合会倾向于使用国际评估准则的定义。

（4）澳大利亚和新西兰准则（professional practice）引用国际评估准则的定义。

（5）中国香港的测量师学会准则（valuation standards on properties）中使用的是国际评估准则的定义。

（6）中国的资产评估准则中对市场价值有如下表述：市场价值是指自愿买方和自愿卖方在各自理性行事且未受任何强迫压制的情况下，某项资产在基准日进行正常公平交易的价值估计数额。我国评估界对市场价值的内涵的理解与国际评估准则的市场价值定义基本一致。

从上述这些表述中可以发现，国际评估准则的市场价值定义基本得到各主要评估准则的认可。这些评估准则的定义有以下几个共同点：

（1）买卖双方自愿，体现公平交易，交易双方意志充分表达。

（2）合理展示期。正常市场营销可以创造合理的展示期，目的是获取充分的市场数据。一是为了使足够多的有意参与交易的市场人士了解到资产的信息，以便充分体现这些人对资产价值的认识，二是使资产的信息充分地表达出来。这一特点也使得市场价值是一个市场整体对价值的认识，因为在这个合理展示期内，所有市场参与者都有机会对资产的价值作出判断。

（3）假设交易。市场价值是"应当"进行交易的"估计额"，价值的形成是以假设交易为前提，而不是真实交易形成的对价值的验证。

（4）信息对称。各自精明、谨慎行事，不受任何强迫压制卖方和买方的对称，都对资产有充分、恰当的了解。这里也隐含了对市场充分有效的要求，市场应当是个活跃市场，否则不可能谨慎行事，不可能达成公平交易。

（二）公允价值的定义

公允价值英文表示为 fair value，较有影响的会计准则中公允价值定义如下：

国际会计准则中对公允价值的定义：在公平交易中，知情且自愿的当事方之间交换资产或处置负债的金额。[①]

加拿大特许会计师协会的定义：公平交易中，知情且自愿的当事方之间不受强制时确定的金额。

澳大利亚会计准则委员会的定义基本引用了国际会计准则的定义。

英国会计准则委员会的定义：在公平交易而不是强迫或清算拍卖交易中，知情且自愿的当事方之间交换一项资产或一项负债所使用的金额。

我国的会计准则将公允价值定义为，市场参与者在计量日发生的有序交易中，出售一项资产所能收到或者转移一项负债所需支付的价格。[②]

美国财务会计准则委员会（FASB）去年出台了公允价值计量准则项目，对公允价值下了定义：在当前的非强迫或非清算的交易中，自愿双方

---

① 国际会计准则 2002 [M]. 北京：中国财政经济出版社，2003.

② 本部分内容参考了《企业会计准则第 39 号——公允价值计量》。

之间进行资产（或负债）的买卖（或发生与清偿）的金额。虽然征求意见稿有可能改动，但其基本理念应该不会有太大改变。

根据这些定义，可以发现几个共同点：

（1）买卖双方自愿。

（2）假设交易。

（3）信息对称。

这些定义中对合理展示期表述不多，但合理展示期的目的是获取充分的市场信息，而会计计量的公允价值属性与其他计量属性相比，本身就强调了市场信息的重要性，公允价值本身已经说明了对市场信息的重视。例如，普华会计公司在对国际会计准则公允价值计量项目征求意见稿所作的研究中指出，估值技术应当适合充分运用市场数据，包括市场对资产风险回报的期望和计量。估值技术应当尽量少用或不用企业的特定数据。美国财务会计准则委员会发布的项目进展通报中曾建议，制定中的准则项目将要求在缺乏相同或类似资产或负债的挂牌价格时，如果可能在合理成本和努力下可以获得估值方法所需信息，公允价值可以运用多种符合市场法、收益法和成本法的估值技术进行估算。无论如何，用以估算公允价值的估值方法应当重点侧重于相关市场信息，包括来自活跃市场的信息。从这些表述上可以看出，美国财务会计准则委员会在制定其公允价值框架时对市场信息是很重视的。

另外需要指出，在一些会计准则或其他相关表述中出现过 fair market value 概念，美国的执业界也习惯使用这一表达方式。其实，这是一种不规范的表达方式，这一概念的内涵与国际评估准则中的市场价值概念一致。国际评估准则委员会建议各国在制定评估准则时避免使用 fair market value 概念，而是统一使用 market value。

（三）二者定义中相似的几个方面

通过分析二者的各种定义，我们可以看出，公允价值的前提与市场价值的前提基本相似。

（1）都需要假定的交易条件，二者都是假定交易中可实现的价值。

（2）都是反映资产的能够体现当前市场信息的价值，而不是历史价值。

（3）都是反映市场整体对价值的认识。

需要指出的是，我们通常对公允价值的认识是公允价值对于交易双方公允。这种认识对于单项交易是正确的。在财务报告目的评估业务中，我们需要对公允价值的使用基础有所考虑。在财务报告目的评估业务中，评估师对财务报告要求的公允价值发表意见。由于会计报告公布后，已经成为公共信息，其报表的潜在使用人不仅仅是企业所有者，还应当包括社会公众、潜在投资者、监管方等，应当界定为所有市场参与者。所以，财务报告目的评估业务中，公允价值应当是对所有市场参与者公允，反映整个市场对价值的认识。这一点是很重要的，使得公允价值与市场价值具有了相同的交易基础，也使得市场价值与公允价值具有了更多的相似性。

（4）都强调市场信息的重要性。公允价值的本质是一种基于市场信息的评价，是市场而不是其他主体对资产或负债价值的认定。

通过上述对二者定义的分析可以看出，从定义角度来说，市场价值和公允价值基本相同。

二、形成价值结论的技术途径相似

市场价值评估方法和公允价值的取得方法基本相同。

按照会计准则的要求，公允价值的取得基本归于三种方法：一是如果资产和负债存在活跃市场交易的，如公开交易的股票和债券等，其公允价值应当根据在相同资产或负债的挂牌价格确定；二是如果没有相同资产或负债的挂牌价格，其公允价值则根据在活跃市场中类似资产或负债的挂牌价格调整后确定，如同行业类似规模企业的股票或债券的价格；三是如果前两者都无法获得，则根据估值技术确定资产和负债的公允价值。

虽然会计准则中仅把估值技术作为最后选择，但我们对其他方法分析后不难看出，其基本原理与评估方法中形成市场价值的原理相同，评估技术完全可以取代这些步骤。根据国际评估准则，以市场为基础（market based）的评估方法包括销售比较法、收益资本化法和成本法。其中销售比较法的理念就是考虑类似或替代资产的销售情况以及相关市场数据，通过对比等程序对价值进行估算，这与公允价值估算方法中的前两种方法具有相同思路。虽然会计准则中没有直接对评估师参与公允价值估算做出规定，但可以肯定地说，如果让评估行业参与公允价值的估算，评估行业的做法也与上述三个层次异曲同工，也会得出相同的结论。

三、二者经济内涵的联系

同是服务于经济运行的概念，虽然所属范畴不同，但在共同的大目标下，我们可以发现市场价值和公允价值有着共同的经济内涵。

（一）理想的状态

从理论上说，市场价值和公允价值都是一种理想状态，都不可能真正实现。

市场价值是自愿买方将支付和自愿卖方将接受的价格。其定义为市场价值设定的一个严格的交易情景，在这一情景中，假定双方信息对称，均不受强迫进行买卖行为。同时，市场价值包含了一个假设，即自愿买方的范围包含所有潜在市场参与者，即"整个世界"。

公允价值也是一个较为抽象的概念。从公允价值的定义可以看出，"这个定义在会计计量中是无法操作的""公允价值的主要特点是，它通常需要合理的估计，较难可靠的计量。"[①]

从经济内涵上说，二者都是一定前提下资产交易价格的基准，都是一

---

① 葛家澍. 祝愿新世纪更加辉煌——《财会通讯》创刊 20 周年献词 [J]. 财会通讯, 2000 (1).

个目标。这是二者经济内涵的相似性。

二者经济内涵的相似性为二者在财务报告目的评估业务中相互转化提供了理论基础。

(二) 最佳用途原则

最佳用途（highest and best use）的定义是：对某项资产而言，实际可能的、经合理认定的、法律允许的、财务可行的，并能实现被评估资产最大价值的最可能用途。美国财务会计准则公告 157 号指出，公允价值计量假设对资产进行了最佳利用。最佳利用包含以下含义：物理性能良好、法律权属允许、财务上可行。

评估中市场价值概念是由国际评估准则委员会于 1994 年创立的。国际评估准则委员会的市场价值概念包含了最佳用途的内涵。根据国际评估准则委员会对市场价值的解释，市场价值是建立在资产最佳用途基础上的①，"最佳用途概念是市场价值评估的基础和不可或缺的部分"②。引入最佳用途的原因是在充分的市场营销期间，市场参与者总是会就资产的用途达成一个共识，使资产得到充分利用。在这个充分利用的前提下，资产的价值得到充分体现，这是市场价值的原则。

而公允价值也正是体现了这一原则。"在一个充分有效的市场上，潜在买方潜在卖方的不同期望和对风险的不同考虑，最终会形成一个单一的平衡价格。这个平衡价格将反映市场对资产最佳用途的期望。重要的是要理解服务潜力和生产潜力是非常重要的，这两个近义词是公允价值的基础。服务潜力和生产潜力包含了资产最佳用途下现金产出能力的市场期望"③。"与（可实现净值）不同的是，公允价值反映了市场对资产最佳用途认知后的价格"④。"最佳用途确立了资产公允价值计量的估值基础"⑤。

---

① ② 本部分内容参见第七版的《国际评估准则》。
③ ④ 本部分内容参见《国际会计准则公允价值计量框架征求意见稿》。
⑤ 本部分内容参见财务会计准则公告第 157 号。

澳大利亚的克诺里在 2006 年的昆明国际评估论坛上曾说过，资产的公允价值体现了其最佳用途。我们还可以通过公允价值的获取途径印证这一原则：活跃市场上的资产价值不可能是资产次优用途下的价值，否则资产的价值会被低估，资产最佳利用的买方会继续推高其价格，直至达到最佳用途的价格。

所以，市场价值和公允价值都指的是资产最佳用途下的价值。一定市场条件下，一项资产最佳用途下的价值是唯一的，所以评估范畴中资产的市场价值应当与会计范畴中资产的公允价值在数量上相同。仅凭这一个特点，我们就可以自然地将市场价值与公允价值联系起来。

（三）概念的初衷相同

一些学者在研究公允价值时，过多地考虑了"公允"和"公允价值"本身的属性，而忽略或较少地考虑了公允价值所要解决的问题。比如，许多学者从"公允"一词的内涵出发对公允价值进行分析，指出行为可以是公允的，但价值不一定是公允的。有的学者则从公允价值的表现形式等否定公允价值与评估中不同方法下的评估结论的对应关系。有的学者认为公允是在一定范围内的公允，市场价值不一定公允等。不过，经过分析我们可以看出，如果从公允价值在会计中运用的目的出发，可能会较好地将公允价值与市场价值的关系看清楚。会计中引入公允价值概念，目的是增强会计信息的相关性，从决策有用性出发，使资产（负债）的账面值能较好地反映市场预期。也就是说我们给一项资产（负债）确定的这个价值，应当是市场整体通过财务报告中的信息对这项资产的看法，这个整体中既有报告主体的同行，也有其他行业的人或单位，他们既可能从资产（负债）的现有用途考虑资产（负债）的价值，也可能从其他用途来考虑，他们既可以是一直关注着报告主体经营情况的利益方，也可能是偶然看到报告主体的财务报告而临时产生兴趣的人或单位，他们既可能早已对这项资产（负债）感兴趣，也可能只是无意中注意到。无论如何，财务报告中应当反映出这些人能够普遍接受的一个值，这个值可能不是他们中任何一个人或单位交易此项资产（负债）时使用的价格，甚至可能是一个根本不可能实现的价格，但它却是一个可以在这个整体中传递一个基本信息的值，使得这个整体中任何一个人或单位的决策不会因这个值而作出有损自己利益的行为，这就是公允价值的作用所在。它其实是没有行为背景的，是不以交易为目的的。它与资产（负债）价值与其他计量属性如历史成本的数量上的也是无关紧要的。在这样的前提下，我们再将其与评估术语中的市场价值相比，我们可以很容易地建立二者之间理念上的联系，在理念统一的背景下，二者的转换顺理成章，评估与会计有了顺畅的交流渠道。

（四）都使用了经济收益理念

在获取市场价值过程中，对于收益的口径，通常采取的是经济收益而非会计收益。"近年来的文献表明，传统的会计学立场似乎正逐渐转向经济学上的收益观点"[①]。公允价值符合经济收益概念，它是现行财务会计概念框架最初演绎逻辑的体现，是促使会计收益向经济收益回归的基础（谢诗芬，2001）。评估中的市场价值从来就是使用经济收益[②]。对经济收益理念的共同运用，使得市场价值和公允价值有了共同的经济基础。

（五）都能反映出市场对价值的认同

如果我们要计量某项资产，可以为大家观察到且为人们共同接受的公平价值就是它们的市场价格（市价）。在不可能取得市价的条件下，一般是通过未来现金流量折现或其他计量模式而求得（葛家澍，见谢诗芬《公允价值：国际会计前沿问题研究》）。从这一论述可以领会到，公允价值是以市场为基础的。反映的是市场对价值的认同，而且是活跃市场对价

---

① Chatfield. a history of accounting thought ［M］. New York：Robert E. Krieger，1997，chapter 18.
② 中国资产评估协会.《企业价值评估指导意见（试行）》讲解 ［M］. 北京：经济科学出版社，2005.

值的认同。活跃市场本身表明市场参与者的意志可以充分体现，活跃市场中的价格是市场整体认同的价格。而评估中的市场价值概念天然的是以市场为基础的，反映的是市场整体而非常个体对价值的认同。

（六）资产的定义使二者的关联关系加深

近年来，随着现值技术运用的不断成熟，经济界对资产的定义有了全新的认识，认为"资产是可以获取未来经济利益的经济资源"。未来经济利益通常用未来现金流量来计量。从评估角度来说，市场对一项资产未来现金流量的估计就是资产的市场价值。从会计角度来说，资产的公允价值也是市场整体对资产未来现金流量的估计。资产的定义也使得公允价值与市场价值"心灵相通"。

四、二者在各自体系框架中与其他组成部分关系的相似性

（一）市场价值与其他价值类型的关系

市场价值是一种整体市场对价值的认同。其他价值类型都具有各自的限制条件，要么是市场受限，要么是使用受限，从其本质属性上看，市场价值以外的其他价值类型与市场价值应当是不同的。但我们也不排除资产的市场价值与资产的其他价值在数量上的偶然相同。例如，在某些情况下，某一投资者对某一资产价值的判断正好与整个市场对该资产价值的判断相同，这时资产的市场价值与其针对该投资者的投资价值相等。总之市场价值与其他价值类型不同但并不是不可能在数量上对应。

（二）公允价值与其他计量属性的关系

公允价值反映的是资产在市场中的真实价值。其他计量属性都有各自的适用目标，历史成本模式较多地考虑了可靠性。从本质上看，公允价值

与其他计量属性应当表现出不同的数值。但也不排除以历史成本反映的资产的价值正好也是资产的公允价值。例如,在某些情况下,资产所处的行业环境、技术环境、市场环境相对较稳定,以历史成本反映的资产价值就可能很好地反映了市场信息,这时资产的历史成本信息与其公允价值相同。总之,公允价值与其他计量属性反映的资产价值应当不同,但并不是不可以在数量上对应。

(三) 二者所处的体系结构图

根据上述对市场价值和公允价值各自与其他价值关系的分析,我们可以用图 3 - 3 表示他们在所处体系中的地位。

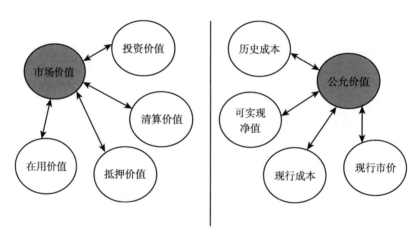

图 3 - 3　评估价值类型体系与会计计量属性体系对照

我们还可以通过具体的数量关系来说明这一结构。

例如,对于一台机器,市场整体对其价值的判断认为该机器可以产生的最大现金流量现值为 50 万元,则其市场价值为 50 万元。有投资者按自己的用途对机器未来现金流量进行判断,得出投资价值,可能投资者的现金流量预测也正好体现了机器的最佳用途,也产生了最大现金流量,则投资价值就是市场价值,也是 50 万元。如果机器在正常状态下不能产生稳定现金流量，但清算卖出却是最好的选择时，清算就可以实现机器的最佳用途，从而清算价值就是市场价值。同理，市场价值也可以与其他评估价值类型吻合。

公允价值与其他计量属性的关系也是如此。按公平交易价格刚刚购入资产的历史成本就是该资产的公允价值。当资产在企业中发挥最佳用途时，其未来现金流量现值就是其公允价值。同理，公允价值也可以与其他计量属性吻合。

二者在体系中的地位相似，进一步证明二者具有相同的基本理念。

五、二者的技术转化

经济的市场化发展将会计与评估联系得异常紧密，也促成了公允价值与市场价值的结合。虽然二者在定义、形成途径和经济内涵等方面存在很大相似性，但二者毕竟不是同一概念。市场价值适用于特定评估目的、特定限制条件和特定交易环境等。公允价值的估算和应用也是一个复杂的过程。因此，在评估行业以市场价值作为财务报告目的评估的价值类型后，市场价值和公允价值二者相互不能简单地直接对比和转化。从会计准则的规定看，除特定情况外，会计工作中不能对市场价值进行直接引用，而是需要会计师运用专业判断，对评估结论进行分析，有时甚至需要做相应调整后才能用作公允价值。

但是，正如前面所分析的，二者经济内涵相似。我们可以从其经济内涵中建立二者之间的联系。会计界和评估界的合作使得市场价值与公允价值实现了结合，在财务报告目的评估中，二者可以很好地转化。

在财务报告目的评估中，评估结论用于确定资产或负债的公允价值。从前述分析中可以看出，以市场价值类型表示的评估结论与财务报告中公允价值的基本理念一致，都是在尽量收集市场信息的基础上反映资产或负债的价值。市场价值有了明确的目的、明确的限制条件和明确的交易环境，这些因素的明确使得市场价值与公允价值在共同理念的基础上又具备了共同比较基础。因此，在财务报告目的评估中，二者的转化是合理的。

具体操作中，评估师对公允价值及其相关内容发表专业意见后，会计师根据企业实际对评估师的价值意见进行适当调整，调整内容包括成本调整，时间调整等。这些调整都是会计师根据具体情况所作的，理论上来看，应当是细小的。这些细小的调整，完成了从市场价值到公允价值的转换，完成了评估与会计的对接，也完成了责任的转换。

六、会计准则设计中对二者关系的侧面印证

国际会计准则第 36 号中对可收回金额的解释是：资产或现金产生单元的可收回金额是指公允价值减销售费用和在用价值的较高者。我国资产减值会计准则第六条中规定：可收回金额应当根据资产的公允价值减去处置费用后的净额与资产预计未来现金流量的现值两者之间较高者确定。对比可见，我国准则中的未来现金流量的现值其实就是指的在用价值（value in use）。显然，在用价值与公允价值不是一个相同的概念，也就是说会计准则中对公允价值的定位排除了企业资产（组）当前用途下的价值，而是体现其市场信息的价值。反映市场信息的价值应当是资产（组）的市场价值。

总之，市场价值与公允价值有着质的相似性。近年来，财务报告目的评估逐渐成为评估业务的重要组成部分。财务报告目的评估的开展和国际上会计界与评估界的合作已表明双方对市场价值和公允价值关系的认可。评估师运用专业判断得出的市场价值结论可以适应会计工作的需求，评估师可以利用其在市场价值发现方面的优势全面介入公允价值计量模式中公允价值的估算。在提高会计信息公允性、时效性的统一目标下，评估界与会计界的合作有着深刻的经济基础。

第四节　财务报告目的评估的评估价值与公允价值的关系分析

在确立了评估结论的市场价值与会计公允价值的对接关系后，为说明评估在会计计量中的定位，深化对财务报告目的评估业务的认识，需要对评估结论的价值类型与会计公允价值的关系进一步作出分析。

一、评估价值类型与公允价值在以财务报告为目的评估业务中的融合

评估结论的价值类型服务于不同目的的评估业务，对评估结论经济内涵的丰富和明确起到了重要的作用，体现了评估的本质特点。不同的价值类型对应了不同委托方对价值的不同需求，反映了认识价值的不同角度。例如，市场价值反映了公开、公平、全面、广泛的角度，投资价值反映了投资者角度，在用价值反映了持续使用角度，等等。

公允价值目的是反映出被计量对象公开、公平、全面、广泛的特征，使市场整体能对被计量单位的价值有正确的判断。

在这样的理念下，市场价值以外的其他价值类型与公允价值产生了隔阂，而市场价值与公允价值很好统一在相同的视角下。

市场价值不仅仅为会计计量中的公允价值服务，还服务于其他评估目的。而公允价值的估算，在现有会计准则的规定和会计界固执的做法下，也不仅仅来源于评估师的市场价值结论。市场价值与公允价值只是在财务报告目的评估业务中实现了融合。

二者的关系可以用图 3 - 4 表示。

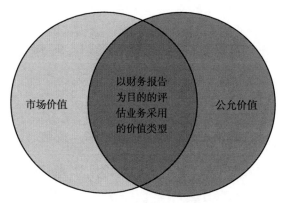

图 3 − 4   市场价值与公允价值关系

二、财务报告目的评估是财务核算中公允价值的重要途径

虽然自公允价值计量在会计准则中地位上升之始，国际评估界就与国际会计界就评估参与公允价值计量进行沟通，但根据现有会计准则的规定，公允价值的估算途径仍不仅仅局限于估值技术。即使在估值技术中，也不仅仅局限于专业评估师的评估业务。在公允价值的估算途径上，还有许多其他形式的选择。在国际财务报告准则体系下，进行公允价值估算的专业人士可以包括：会计师；有评估专家的审计机构或审计机构聘请的评估专家；评估师；其他专业估值人士。这一现象的存在，使得评估师执行的财务报告目的评估业务实际上只是公允价值估算途径的选择之一。

但是，由于评估师在价值发现方面的专业优势，以及独立性等其他特点，评估师执行的财务报告目的评估是公允价值估算的较好途径，实践中也取得了较好的效果。评估师在公允价值计量中正在发挥更大的作用。

第四章

我国财务报告目的
评估的实务探讨

财务报告目的评估在我国刚刚开展，至今没有定式的做法，评估师更多的是进行实践的尝试。本章从分析境外不同会计准则背景下的评估实务入手，对我国会计准则背景下如何开展财务报告目的评估业务进行探讨。

财务报告目的评估业务中，比较典型而且业务量最大的业务类型是资产减值，从本书的实用性角度考虑，本章尝试对这一业务进行实务探讨。同时，随着公司治理机制的不断完善和资本市场的逐步成熟，股权激励措施正成为公司经常使用的手段，对股权激励方案的设计提供评估服务是一项新生的并且具有较大发展潜力的业务，本章也选取这一业务类型进行实务分析。此外，以上市公司并购为代表的企业并购行为正逐步增多，由此产生的收购价格分配和商誉测试业务也越来越多，本章也对这一业务进行分析。

第一节　固定资产减值测试的评估业务探讨

无论在境内还是境外，固定资产减值测试都是财务报告目的评估业务中较大的组成部分。

一、会计准则的依据

国际会计准则和多数国家的会计准则都对资产减值作出了规定，这些规定是评估师参与减值过程的依据。国际会计准则第 36 号中规定，在每一个资产负债表日，主体应当评估是否存在资产可能已经减值的迹象。如果存在这种迹象，主体应当估计资产的可收回金额。美国财务会计准则公告第 144 号指出，如果长期资产或资产组合的公允价值低于其账面价值，则发生减值。我国《企业会计准则第 8 号——资产减值》中规定，企业应当在资产负债表日判断资产是否存在可能发生减值的迹象。资产可收回金额低于账面价值的，应当计提减值准备，确认减值损失。在固定资产减值方面的规定，我国会计准则的规定与国际会计准则的规定大致相同，只是有一些小差异，如我国会计准则中规定已计提的减值准备不能转回，而国际会计准则规定可以转回。在有关规定的详细程度方面，国际会计准则比我国会计准则详细。

二、境外做法介绍

案例①：A 企业是一个生产瞬间干燥剂（IDY）和压缩清新剂（CFY）的厂家，2001 年对其所属土地、建筑物、机器设备等固定资产进行减值测试。该企业固定资产情况如表 4 - 1 所示。

1999 年，建筑物和设备建成投产，全部资产作为一个整体形成现金流量的来源。

2001 年 3 月 31 日该企业资产负债表中显示的资产总值、折旧和净资产如表 4 -2 所示。

---

① 本案例摘自澳大利亚的卡什亚普·K. 布哈提（Kashyap K. budhbhatti）和印度的希特什·博拉德（Hitesh Borad）在 2005 年第四届机器设备评估国际大会上的演讲稿。

表 4-1　　　　　　　　A 企业 1998 年成立时固定资产投资状况　　　　　　　单位：万美元

资产类型	数额
土地	16
建筑物	80
机器设备	400
总计	496

表 4-2　　　　　　　　　A 企业资产总值、折旧和净资产　　　　　　　　　单位：万美元

资产类型	总值	折旧	净资产数额
土地	16	0	16
建筑物	80	8	72
机器设备	400	120	280
总计	496	128	368

评估师接受委托进行减值测试。

操作过程：

第一步：确定价值类型。

评估师确定价值类型为原地原用途的价值。

第二步：确定折余重置成本。

根据国际评估准则，该企业资产属于专门机器设备。这些专门的、特殊目的的资产，由于在设计、尺寸、位置上独一无二，使其除了那些作为部件销售的产品外，几乎不会在公开市场上销售。评估师运用折余重置成本（DRC）计算资产价值。计算过程如表 4-3 所示。

表 4-3　　　　　　　　　A 企业资产折余重置成本计算　　　　　　　　　单位：万美元

资产类型	重置成本	折旧	折余重置成本
土地	18.8	0	18.8
建筑物	90.2	7	83.2

续表

资产类型	重置成本	折旧	折余重置成本
机器设备	417.8	95.5	322.3
总计	526.8	102.5	424.3

第三步：分析贬值的可能性。

企业从成立之初到评估时，生产能力数据如下：

压缩清新剂（CFY）设计能力＝7500（吨/年）

瞬间干燥剂（IDY）设计能力＝2500（吨/年）

企业1999年和2000年设备生产能力利用率如下：

1999年，生产能力利用率为：21.5%；

2000年，生产能力利用率为：21.5%。

这种较低的生产能力利用率是由于企业成立时对瞬间干燥剂（IDY）的需求量的预测远高于真实市场需求额。评估师分析发现，企业机器设备并没有发生功能性贬值和实体性贬值。因此，评估认为机器设备可能存在经济性贬值。

第四步：计算资产组的公允价值。

评估师根据市场分析，对企业10年的产出和企业价值进行分析，如表4-4、表4-5所示。

表4-4 企业价值计算 单位：万美元

项目		2002年	2003年	2004年	2005年	2006年	2007年	2008年	2009年	2010年	2011年
产量	IDY	50	52.5	55.1	57.9	60.8	63.8	68.6	73.7	79.3	83.2
	CFY	150	175	250	300	350	350	350	350	350	350
销售	IDY	95	110.3	126.8	145.9	169	195.3	230.5	272.7	323.5	372.7
	CFY	78	101.5	155	210	266	294	322	357	392	427.4

续表

项目		2002年	2003年	2004年	2005年	2006年	2007年	2008年	2009年	2010年	2011年
净收入	IDY	33.6	41	48.5	57.5	69.3	82.8	100.4	122.5	149.9	176.9
	CFY	26.4	36.75	55.5	81.6	105	120	136.5	157.5	177.1	196.17
净收入合计		60	77.7	104	139.1	174.3	203.9	235.9	280	327	373.1
管理费		60	64.5	69.34	74.54	80.13	86.14	92.59	99.54	107.01	115.03
利息		1.6	1.6	1.6	1.6	1.6	1.6	1.6	1.6	1.6	1.6
税前利润		-1.6	11.6	33.1	63	92.6	116.2	142.7	178.8	218.4	256.4
税后利润		-1.6	7.74	22.07	42.03	61.75	77.53	95.23	119.33	145.69	171.08
现值系数		0.869	0.756	0.657	0.571	0.497	0.432	0.375	0.326	0.284	24.7
现值		-1.39	5.85	14.49	24	30.69	33.49	35.71	38.91	41.38	42.26
利润现值总额		265.39	—	—	—	—	—	—	—	—	—

表 4-5　　　　　　　　　　　　流动资产计算　　　　　　　　单位：万美元

项目		价值
存货	IDY	3.582
	CFY	3.01
应收账款	IDY	0
	CFY	3.25
其他流动资产	IDY	1.79
	CFY	1.506
流动负债		3.296
净流动资产		10.142

由于没有足够的收入实现盈利，评估师经分析认为企业没有无形资产。

因此，企业固定资产（资产组）价值应为：

265.39 - 10.142 = 255.248（万美元）

第五步：计算资产组贬值额并在组成资产间分配。

与固定资产折余重置成本相比，固定资产贬值额为：

424.3 - 255.248 = 169.1（万美元）

减值率：169.1 ÷ 322.3 = 0.4。

则机器设备可收回金额为 193.9 万美元。

可收回金额计算相关数值如表 4 - 6 所示。

表 4 - 6 可收回金额计算 单位：万美元

资产类型	重置成本	折旧	折余重置成本	系数	价值
土地	18.8	0	18.8	0.4	11.3
建筑物	90.2	7	83.2	0.4	50
机器设备	417.8	95.5	322.3	0.4	193.9
总计	526.8	1025	424.3		255.2

第六步：计算机器设备减值额。

机器设备账面值为 280 万美元，减值额为：

280 - 193.9 = 86.1（万美元）

第七步：考虑机器设备在其他用途下的价值。

根据国际评估准则，机器设备可以有原地原用途价值、原地选择用途价值、异地原用途价值和异地选择用途价值。假设其他三种价值类型下，机器设备可收回金额分别为 210 万美元、220 万美元和 230 万美元。根据国际评估准则要求，应当选择最高的价值进行减值测试。本例中选择异地选择用途价值 230 万美元进行测试。

减值额为：280 - 230 = 50（万美元）

三、对境外做法的分析

本例是机器设备减值测试的过程，是按照国际评估准则和国际会计准则执行的业务。它考虑了资产不能单独形成现金流时，以资产组为评估对象确定公允价值，继而进行分配的情形。

其基本思路是：

（1）确定价值类型。确定价值类型的目的是计算资产组的未来现金流量。

（2）确定资产组中各组成资产各自的公允价值。以折余重置成本作为公允价值。确定折余重置成本的目的是确定机器设备在所有固定资产组成的资产组合中所占价值比例，用以对经济性贬值进行分配。

（3）根据企业的生产经营情况对资产组的公允价值进行调整。本例中调整了经济性贬值的因素。方法是计算资产组按现有生产能力形成的未来现金流量现值，现值与折余重置成本的差额为经济性贬值。按各组成资产公允价值的比例进行分配。调整后的公允价值即为原地原用途价值。

（4）确定减值额。用调整后的公允价值与账面价值进行对比，确定减值额。

这一思路与我国会计准则的要求不一致。根据我国会计准则的要求，减值测试的基本思路是：一是先计算可收回金额。可收回金额是公允价值和未来现金流量现值的较高者。二是将可收回金额与账面值进行对比。

我国评估业务与案例的具体差异包括：

第一，我国评估业务中，不必确定原地原用途价值等价值类型。原地原用途价值、原地选择用途价值、异地原用途价值和异地选择用途价值都是国际评估准则的要求，这些价值类型是机器设备评估中常用的价值类型，但却不是财务报告目的评估中需要的价值类型，这些价值类型与公允价值的本质属性不符，不能用于财务报告目的评估业务。

第二，根据我国会计准则，评估师计算的企业现有生产能力下现金流量现值应当是未来现金流量现值，评估师还应当根据企业所处行业平均生产能力和获利水平计算企业的公允价值，并对比确定可收回金额。

四、我国开展业务的探讨

根据现有业务资料，在我国，评估师的业务流程如下：

第一步：确定可收回金额。

对比公允价值（假设不考虑相关处置费用）和在用价值。由于本例中企业没有达到必要的生产能力，所以其未来现金流量现值（在用价值）应当小于其公允价值，所以可以通过计算公允价值来确定可收回金额。

假设在企业达到行业平均水平的正常生产能力和获利能力下，企业未来现金流量（在用价值）现值为 300 万美元（不考虑利息和所得税因素），减净流动资产（假设净流动资产不受生产水平的影响）后企业固定资产公允价值为 289.858 万美元。

第二步：确定固定资产账面价值。

账面价值是计提折旧后的净值，不考虑重置成本因素。根据资料，账面价值为 368 万美元。

第三步：确定固定资产减值额。

减值额为：368 − 289.858 = 78.142（万美元）

第四步：减值额的分配。

按各资产公允价值的比例进行分配。

机器设备占固定资产比例为：322.3 ÷ 424.3 = 75.96%。

机器设备减值额为：78.142 × 75.96% = 59.357（万美元）。

第二节　收购价格分配和后续减值测试业务探讨

目前，我国上市公司股权分置改革告一段落，下一步改革重点转向并购重组，证监会也明确表示支持上市公司并购重组行为。在这一背景下，企业并购行为将会上升，由此产生的购买价格分配业务和商誉减值测试业务将会增加。因此，探讨收购价格分配中相关的评估问题有现实意义。

一、会计准则的依据

国际财务报告准则第 3 号规定，购买方在购买日应当通过确认被购买方可辨认资产、负债及或有负债，按照它们在购买日的公允价值对企业合并成本进行分配。《企业会计准则第 20 号——企业合并》规定，购买方在购买日应当对合并成本进行分配，确认所取得的被购买方各项可辨认资产、负债及或有负债。我国会计准则的规定与国际会计准则的规定大致相同。

国际会计准则第 36 号规定，商誉每年都要测试一次，看有没有贬值发生。甚至如果怀疑某家公司商誉有减值的危险，无论是否到一年期限都可以要求公司自己或专业人士评估该项无形资产有没有发生减值。减值测试是将可回收值与账面值进行对比。如果可收回值比账面值低了，等于要贬值。贬值的具体做法就是，先将产生现金流的单元商誉减值到零，如果还要继续贬值，就将接下来的要贬值的部分平均分配到其他有形和无形资产上面。美国财务会计准则公告第 142 号中也对商誉的减值做出规定，但与国际会计准则的规定略为不同。国际会计准则减值的测试只有一个步骤，现金流产生的单元计算公允值对比账面值，然后就可以决定有没有减值的机会和减值的数量多少。而美国的会计准则则是分为两个步骤。第一步要对比公允价值和账面价值，低则说明有贬值的可能性。第二步，重新做收购合并的评估。把公司的有形资产和无形资产以及账面上没有的无形资产进行评估。然后把整个公司的公允价值评估确定出来，减掉其他有形资产和无形资产公允价值，就可以计算出商誉的公允价值是多少。与其账面上的商誉价值对比，如果价值低，该商誉就要贬值。如果高于账面上的价值，就说明通过测试，不需要贬值。我国《企业会计准则第 8 号——资产减值》规定，因企业合并所形成的商誉和使用寿命不确定的无形资产，无论是否存在减值迹象，每年都应当进行减值测试。我国的会计准则中对商誉减值的测试与国际会计准则较为接近，不需要做两步。

二、境外做法介绍

购买价格分配和资产减值测试思路①：

根据德国公司联盟（IDW）关于企业合并会计中资产和负债价值计量以及在 IFRS 下减值测试的会计主张，购买价格分配和资产减值测试的基本思路中包括以下主要步骤：

（一）在合并日应当确定那些隐藏的储备和负债

在以公允价值辨认和计量前，应识别出所有购买的资产和承担的负债。通常，识别阶段的主要工作是围绕过去被购方没有确认的无形资产进行。

有几种不同的途径来决定单个资产和负债的价值。使用的途径依给定的相关途径（市场、收益和成本途径）下的优先顺序而定，因此不能自由选择。在购买价格分配的公允价值决定过程中，市场途径优先。市场途径不能用时，才用收益途径。如果前两种途径都不能用时，这才使用成本途径。使用价值总是通过收益途径来定的。

（二）购买价格在不同资产间的分配

1. 无形资产公允价值的估算

无形资产包括被收购企业原账面已经记录的无形资产和收购后重新识别出来的无形资产。

无形资产确定时首先选择市场法。大多数情况下，无形资产是特定的，因此活跃市场或可比资产的交易不存在。因此在许多情况下，市场途径不能使用。因而，收益途径或是需要的话成本途径也应采用。

---

① 本例资料摘编自德国审计师协会、公司联盟（IDW）会计主张 IDW RS HFA 16：企业合并会计中资产和负债价值计量以及在 IFRS 下减值测试。

2. 不动产公允价值的估算

不动产评估涉及两方面：无建筑物土地和有建筑物土地。

不动产的公允价值受整体资产的使用情况影响。单项评估原则要求将不动产拆分为土地和建筑物进行评估。建筑物的组成部分（功能或技术上在一起的）通常视作建筑物的组成部分一起进行评估。

不动产的评估中优先考虑参考类似资产这种方法（市场途径）。确切地说，土地及其上的建筑物的价值应以近期交易中的不动产价格为基础。在德国的不动产，土地的价格以市政不动产价格专家委员会决定的参考价格为基础，而不是参考可比的不动产价格。参考价格应根据参考不动产和被评估不动产间的不同进行调整。土地上的建筑物的评估使用类似的程序。

然而，建筑物在交易情况、规划、年龄和使用状况缺少可比性。因此附着有建筑物的不动产通常按他们可获得的收益来进行评估（收益途径）。这种途径的使用要求这类不动产有活跃的市场且强调的是赚取收益。在用收益法评估附有建筑物不动产的价值时，先估计合理的管理下从此不动产获得的现金流然后再折现。

成本法在建造成本的基础上评估物理建筑物如建筑、土地改良物和其他能与土地分离开的固定物。通常的建造成本加上在评估日一般的经济条件下改造建筑物所需的增加的建造成本决定建筑物的价值。由于建筑缺陷、建筑损坏或是其他影响价值的情况和折旧作为减项。还应考虑市场情况引起的价值增或减少以反映影响价值的市场因素。

3. 动产公允价值的估算

办公设备的价值可以通过市场、收益或是成本途径决定。如果由于资产的高度专有属性或是由于很少销售，市场途径不能用，那么可用收益途径或是折现的重置成本法。折现的重置成本通常通过参考历史购买或是生产成本或从供应商处获取信息决定新的重置成本接着扣除折旧而得到。

4. 负债和或有负债公允价值的估算

负债的公允价值指在现有利率水平下债权人可赎回的数额。在考虑流动负债时，如果票面值和公允价值相差不大那么利率影响可以忽略。

或有负债的公允价值可以通过一个无关第三方愿承担这份或有负债所要求的数额来衡量。同时在考虑将来的现金流时，需注意现金流不同的情况及其实现的可能。

（三）计算商誉或负商誉

商誉或负商誉是一个余额项，即企业购买成本与获得的资产和承担的负债在考虑了递延税后的公允价值总额之间的差项。商誉计算程序及购买价格分配，如表4-7及图4-1所示。

表4-7　　　　　　　　　　　　商誉计算程序

企业购买成本
－ 获得的资产的公允价值
＋ 承担的负债的公允价值
＋／－ 递延税
＝ 商誉或负商誉

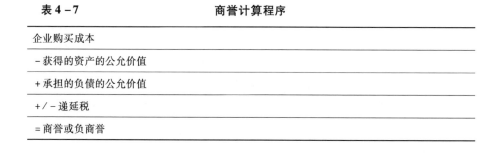

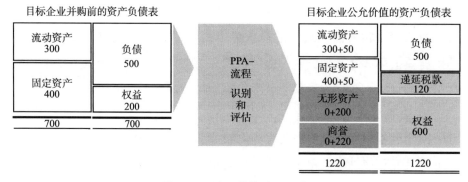

图4-1　购买价格分配示意

（四）具体资产的减值测试

在资产负债表日，当资产发生减值迹象时，需要进行减值测试，包括资产减值测试和商誉减值测试。商誉不能独立于其他资产/资产组产生现金流，因此对于减值测试，需要把商誉分摊到现金产出单元或者现金产出单元组上。商誉通常是在分摊在现金产出单元或是现金产出单元组后进行减值测试。

在减值测试时，成本途径不允许使用。

现金产出单元的账面价值和可收回金额都不应考虑所得税收入或支出，如，递延资产或负债、可收回税、所欠税款或税款准备金。减值程序如图 4 - 2 所示。

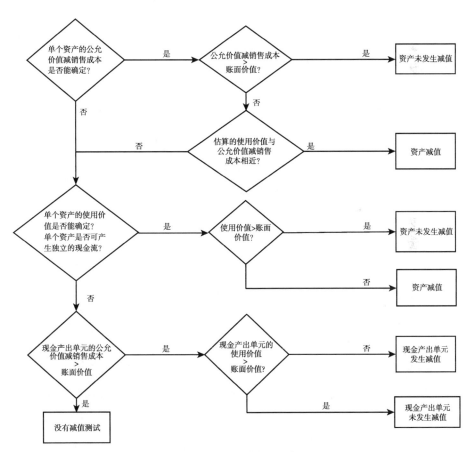

图 4 - 2　减值程序示意

资产和现金产出单元的减值测试顺序如图4-3所示。

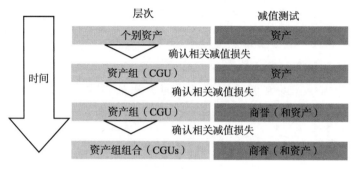

图4-3　减值测试顺序

注：（1）不同的资产组可能在不同的时间执行减值测试。

（2）如果资产组中包含商誉，而其中的单项资产在同时执行减值测试，应该首先考虑该项资产的减值测试的结果。

1. 使用价值的确定

对于使用价值的测量，不论一单个资产或一现金产出单元是否做减值测试，收入法都适用。

在测量使用价值的时候，税收摊销的税收优惠的价值被忽略，因为它只有在资产被售出后才会明确。

现金流预测所涵盖的时间依赖于单个资产的使用寿命。如果资产包含两个或多个内容，则时间以资产所包含内容的最长使用寿命为准，除非该项内容在整个资产中不是重要内容。

由财务活动或所得税引起的现金流在估计使用价值的时候不予以考虑。

折现率是一个税前比率，反映了当前市场对资金的时间价值以及资产所面临的特有风险的估计。同样，折现率不考虑企业的资本结构以及融通资产的方式。对于估算一个以市场为基础的折现率的初始点，根据这些规则，可能会是：企业加权平均资本成本、递增的借入资金成本率或其他市场借入资金成本率。

2. 公允价值减销售成本的确定

在确定公允价值减销售成本时，销售成本包含所有由于资产的销售而引发的成本，且这些成本都直接归属于该资产，但不包含财务费用和所得税。

（五）减值测试的可信性检查和披露

应当在可获取数据的基础上对结果进行可信性检查，特别应当考虑到市场状况。

应当对决定价值的商业计划进行分析，判断其能否实现。过去计划的准确性也应加以考虑。

对于商誉在现金产出单元上的分摊，应检查其可信性和可理解性。

用于披露的文件资料应该能够使一个有能力的第三方理解结果是如何得来的。它必须要包括对价值的决定起重要作用的证据，并且必须要证明价值的决定和测量都是依据 IDW ERS HFA 16 进行的。

文件必须包含对价值决定和测量的程序的适当描述，这必须包含所用方法的细节。文件还必须包含对预测和折现现金流所用程序的描述，所用估算的程度，以及重要的假定和简化。

文件必须显示出相比于企业的大概价值资产和负债的公允价值是可信的。

三、对境外做法的分析

会计主张中的步骤比较详细，具有很好的借鉴意义。特别是对收购价格分配思路、减值测试思路、预测期间的确定、现金流口径的选择等作出了详细的介绍，具有实用性。

但是案例中对评估方法的运用仍然与评估的基本理念不符。案例中按照国际会计准则的要求，对三种评估方法进行排序。这种做法可能具有实用性，但不符合专业属性。根据评估的基本原则，评估方法的选择是评估师根据业务具体情况进行专业判断后确定的，不应当做出硬性的规定。

减值后的检验是一种谨慎的做法。有助于提高公允价值计量的可靠性。

四、我国开展业务的探讨

我国的会计准则与国际会计准则的规定大致相同。所以在收购价格分配和后续减值测试时，基本思路也一致。

结合案例，我国评估师在执业中，有几个主要的关注点。

（1）可辨认资产确定过程中，无形资产的辨认和公允价值估算是重要的因素。

无形资产公允价值的估算过程中，如果采用收益法，则收益额应当是不考虑利息费用和所得税因素的收益，假设企业是全部产权，没有负债。且应当是不考虑出售的情况下的价值。

（2）评估方法的使用中，应当考虑何种方法能够合理发现价值，而不能作出统一的规定。

（3）我国会计准则中要求建立在预算或者预测基础上的预计现金流量，除有特殊理由外，最多涵盖 5 年，这与本案例中的要求不一致。评估师应当合理确定预测基础，保证结论的合理性。

根据上述案例，结合我国会计准则和评估准则要求，对我国企业并购后续减值测试业务探讨如下：

基本资料：

甲企业在 20×7 年 1 月 1 日以 1600 万元的价格收购了乙企业 80% 股权。乙企业是一个研究型企业，被收购时仍在从事科研项目的研究。在购买日，乙企业可辨认资产的公允价值为 1500 万元，包括固定资产、无形资产，没有负债和或有负债。甲企业在合并日确认的商誉为 400 万元，乙企业可辨认净资产 1500 万元，少数股东权益 300 万元。假定乙企业所有资产被认定为一个资产组。根据会计准则要求，甲企业 20×7 年末对商誉进行减值测试。乙企业 2007 年末可辨认资产折旧和分摊后的账面价值为 1350 万元。

甲企业委托评估师进行减值测试中资产组公允价值的估算和无形资产公允价值的估算。

业务分析：

本例中评估师执行的不是全部业务过程，而是只估算资产组的公允价值和资产组中无形资产公允价值。

第一步：确定包括商誉的资产组或资产组组合的可收回金额。

（一）乙企业公允价值的估算

1. 评估对象

根据会计师的判断，乙企业作为整体被认定为一个资产组，因此评估对象应当是乙企业。

2. 评估方法

根据乙企业所在行业市场交易状况和乙企业性质，评估师认为市场法和成本法不适用，因此选择收益法进行评估。

3. 评估结论

乙企业 20×7 年末公允价值为其市场价值。

根据甲企业提供的财务信息、企业发展规划和其他资料，经评估师分析，乙企业每年可为甲企业产生现金流入为 100 万元，这一水平与其他企业的盈利水平相似，且在可预测的期间内甲企业没有终止乙企业经营的计划。评估师经分析，确定折现率为 10%。根据年金现值法，乙企业市场价值为 1000 万元。因此，乙企业的公允价值为 1000 万元。

（二）乙企业未来现金流量现值的确定

根据甲企业的发展规划，乙企业有较稳定的发展前景。但甲企业也在发展规划中指出，由于并购后不可预测的人事安排因素出现，影响了乙企业 20×7 年的正常经营和研究成果，致使 20×7 年乙企业的现金流量未能达到 100 万元，20×8 年也很难达到 100 万元。但甲企业认为这一影响问题将在 20×9 年消除，乙企业可恢复正常经营水平，现金收可达到行业平均水平。评估师经分析，认为甲企业对乙企业 20×7 年和以后年度的分析合理。由此判断乙企业未来现金流量现值小于乙企业的公允价值。

（三）乙企业可收回金额的确定

根据对比分析，会计师确定乙企业 20×7 年末的可收回金额为 1000 万元。

第二步：确定乙企业账面价值。

根据会计准则要求，商誉减值测试时，应当将商誉账面价值自购买日起分配至相关资产组。本例中与商誉相关的资产是由乙企业组成的资产组。会计师确定乙企业账面价值过程如下：

（1）商誉账面价值：400 万元；

（2）乙企业账面价值：1350 万元；

（3）归属于少数股东权益的商誉价值：100 万元；

（1600/80% − 1500）×20% = 100（万元）

（4）乙企业账面价值：1850 万元；

400 + 1350 + 100 = 1850（万元）

第三步：减值额的计算。

会计师确定减值额为：1850 − 1000 = 850（万元）。

第四步：确定归属于乙企业可辨认资产的减值额。

由于存在少数股东权益，归属于乙企业可辨认资产的减值额需要会计师进行计算。

根据会计准则，商誉减值应当先冲减商誉的账面值。

经会计师计算，归属于乙企业可辨认资产的减值额为 350 万元。

850 − 100 − 400 = 350（万元）

第五步：减值额在乙企业可辨认资产间的分配。

乙企业资产由固定资产和无形资产组成。减值额应当按 20 ×7 年末二者的公允价值比例进行分配。

（1）固定资产公允价值的估算。即固定资产市场价值的计算。乙企业固定资产具有活跃市场，评估师经市场分析，确定乙企业固定资产 20 ×7 年末公允价值为 587 万元。

（2）无形资产公允价值的估算。即无形资产市场价值的计算。构成乙企业无形资产的是一个研究项目，开发两种药品。研究工作需要三个阶段，20 ×7 年末已经进入第二阶段。根据历史经验，第一阶段成功的可能性为 15%，第二阶段成功的可能性为 75%。两种药品的开发互不关联，也不能互相替代。每种药品开发成本都是：第一阶段 5 万元，第二阶段 50 万元。假设每个阶段需要一年时间，且费用发生在年初。

评估师根据这一情况，决定用收益法进行评估。

根据行业数据和企业分析，由于药品使用寿命的特殊性，企业预测药品商业应用帮助为 8 年（不是 5 年，根据医药行业经验，评估师认为合理），8 年内的现金流量预测值如表 4 - 8 所示。

表 4 - 8　　　　　　　药品收益对比预测　　　　　　　单位：万元

项目		1 年	2 年	3 年	4 年	5 年	6 年	7 年	8 年	净现值
药 1	最高	61	43	122	195	281	305	329	342	975
	最低	50	35	80	100	160	180	190	190	554
药 2	最高	68	47	135	217	311	339	366	379	1082
	最低	56	39	90	105	166	190	205	210	593

净现值是尚余开发期的初始点。根据同类药品的历史经验，每种药品的最高收入的可能性为 30%，最低收入的可能性为 70%。假设折现率为 6%。药品收益计算如表 4 - 9 所示。

表 4 – 9		药品收益计算	单位：万元
项目		公式	数值
药品 1 净收入	商用回报低	554 × 0.7 × 0.75 × 0.15	43.6
	商用回报高	975 × 0.3 × 0.75 × 0.15	32.9
	第二阶段成本	− 5 × 1	− 5
	第三阶段成本	50/(1 + 6%) × 0.15	− 7.1
	净收入		64.4
药品 2 净收入	商用回报低	593 × 0.7 × 0.75 × 0.15	46.7
	商用回报高	1082 × 0.3 × 0.75 × 0.15	36.5
	第二阶段成本	− 5 × 1	− 5
	第三阶段成本	50/ (1 + 6%) × 0.15	− 7.1
	净收入		71.1
合计			135.5

第六步：分配额计算。

固定资产应当分配的减值额为：

$587 \times [350 \div (587 + 135.5)] = 284.4$（万元）

无形资产应当分配的减值额为：

$135.5 \times [350 \div (587 + 135.5)] = 65.6$（万元）

注：第一步中资产组合的公允价值并不一定等于各组成部分资产的公允价值之和。

第三节　认股权证等待期内公允 价值估算的业务探讨

发给员工的认股权证是鼓励员工为公司服务的一种很好措施，将员工利益与公司利益紧密结合。对于一些存续期较长的权证产品，其报表日公允价值需要计入当期损益，此后每个报表日都要对其公允价值的变动进行记录，对损益进行调整。由于直接影响损益，所以这类权证受到发行方的重视。中国香港的很多公司都有认股权证，有的公司超过 1 亿港币，每年影响损益几千万元。许多公司发行认股权证前会做预评估，看看对报表有多大影响。发行后也密切关注权证价值的变动。我国《公司法》《上市公司股权激励管理办法（试行）》等允许以认股权证等方式对职工进行激励。因此，评估师对于认股权证等股权激励措施的关注具有很强的现实意义。根据我国会计准则，认股权证属于股份支付的一种形式，股份支付分为以权益结算的股份支付和以现金结算的股份支付。此处讨论以现金结算的认股权证业务中与公允价值相关的评估业务。

一、会计准则的依据

国际财务报告准则第 2 号中规定，对于以现金结算的股份支付交易，主体对于所取得的商品或服务以及所产生的负债应当按负债的公允价值计量。在负债结算以前，主体应当于每一个报告日期以及结算日，对负债的公允价值进行重新计量。负债在最初以及至结算止的每一个报告日，应当以运用期权定价模型计算的公允价值计量。我国股份支付会计准则规定，以现金结算的股份支付，应当按照企业承担的以股份或其他权益工具为基础计算确定的负债的公允价值计量。在资产负债表日，后续信息表明企业当期承担债务的公允价值与以前估计不同的，应当进行调整，并在可行权日调整至实际可行权水平。企业应当在相关负债结算前的每个资产负债表日以及结算日，对负债的公允价值重新计量。我国金融工具确认和计量会计准则中要求金融工具公允价值的估算按层次顺序确定。与国际会计准则相比，我国会计准则在重新计量时间方面与国际准则一致，但在公允价值的估算方法方面不同，我国的会计准则规定了不同的方法。

二、境外做法介绍

期权价值评估中各参数的确定思路[①]：

根据美国财务会计准则第 123 号（修订）（FAS 123（R）），所有公司对职工进行股份支付时，应当在支付日财务报告中以公允价值确认。为指导企业对股份支付行为进行处理，普华会计公司制定了股份支付指引。指引中对期权公允价值的估算作出了具体指导。

由于可观察到的市场价格通常不可获得，企业需要运用期权定价模型对员工股份基础期权公允价值进行估算。最常用的模型是 Black – Scholes – Merton（B – S）模型，几乎所有企业都用其估算员工股权基础期权。Lattice（binomial）模型也是一种使用越来越多的模型。鉴于 B – S 模型的广泛使用，下面以 B – S 模型为例介绍美国期权公允价值的估算过程。

作为现代财务理论的里程碑，B – S 模型最初是一个评估无股利股票价格的公式，后来又扩展应用到付股利股票。模型形成的公允价值的估计值与模型中使用的参数关系重大，参数通常比模型本身对价值结论的影响要大。

B – S 模型的参数包括：基础股票的价格、期权执行价、期权行权期、每年的无风险利率、基础股票每年的股利、股票价格的波动率，如图 4 – 4 所示。

股票价格通常简单地以估算日市场报价表示，执行价通常由合约确定。另外四个参数的确定需要评估师的专业判断。

---

① 本例中引用的资料摘自普华会计公司的客户培训资料。

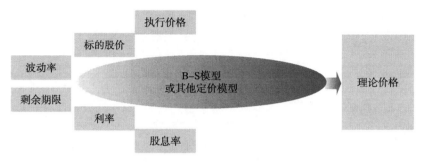

图 4 - 4　B - S 模型原理示意

1. 期权行权期

根据 FAS 123（R），B - S 模型使用简单的加权平均行权期，作为估算时使用的数值。由于员工行权日期不可预测，行权期的确定需要高度的专业判断。FAS 123（R）提供了获取简单加权行权期的计算方法。

2. 预期波动率

股价的波动率对于所有期权定价模型都是另一个关键因素。FAS 123（R）的附录 E 中对波动率定义为：一定时期内价格上下浮动数额预计浮动数额的计算值。在 B - C 模型中，波动率是存续期股票价格自然对数的年度标准差。波动性弱的股票的价格浮动的范围比波动性强的股票价格浮动范围小。

关于波动率的确定过程，可以解释如下。

假设 2005 年初，公司 A 通过证券交易收购公司 B。A 的股价历史上比 B 的波动大。但在收购公告日至完成日，B 的股价像 A 的股价在 2004年那样变得更加波动。收购完成后，合并后的公司股价的变动变得稍缓，最终达到收购前 B 的股价波动水平。2008 年初，合并后的公司发行员工股票期权，行权期 3 年。由于合并后才 3 年时间，合并后的波动率需要参考同类公司的数值。这段时间中，同类公司一年的历史波动率一直低于合并后公司的波动率，基本情况如表 4 - 10、表 4 - 11 所示。

表 4 – 10 合并前波动率年表

年份	公司 A（%）	公司 B（%）
2002	65.4	33.8
2003	77.3	43.3
2004	69.7	71.1

表 4 – 11 合并后波动率年表

年份	合并的公司	同类公司
2005	56.5	48.1
2006	53.8	45.8
2007	39.3	33.5
3 年平均	50.8	43.3
2 年平均	48.0	39.0

2007 年末合并公司股票的 4 ~ 8 月期的权证的波动性如表 4 – 12 所示。

表 4 – 12 合并公司 4 ~ 8 月期的权证波动性

日期	存续期（月）	隐含波动率（%）
2007 年 12 月	8	32.4
2008 年 1 月	4	31.3
2008 年 1 月	8	29.8
平均		31.2
8 个月期权证平均		31.1

合并公司历史 3 年的波动率平均为 50.8%。由于不确定性影响，合并后第一年波动率会上升。由于合并公司没有计划在未来进行大型收购，这使得波动性降低，甚至达到 2007 年 39.3% 的低水平。2005 ~

2007 年同类公司的低波动性证明了这一点。但分析后认为合并公司有独特的题材影响未来经营，所以对于历史波动性的推测而言，其股票过去两年（2006～2007 年）的平均的波动率应当比同类公司的数据可靠。因此，选择过去两年的平均波动率 48%。

公司权证的隐含波动率[①]较低，显示市场预期公司会保持比历史低的波动率。然而交易的权证存续期小于 1 年，而认股权证存续期为 3 年。根据 FAS 123（R）要求，应当考虑所有上述因素。因此，经判断决定对历史数据和隐含数据进行加权平均，比重分别为 37.5% 和 62.5%。

$$预期波动率 = 隐含数据 + 历史数据$$
$$= （31.1\% \times 37.5\%）+（48.0\% \times 62.5\%）= 41.7\%$$

3. 无风险利率

在确定无风险利率前，应当首先确定存续期，因为 FAS 123（R）要求假定的无风险利率要根据计量日与存续期相同年限的零折扣国库券的收益确定。无风险利率越高，期权价值越高。

与期权定价模型中的其他参数相比，B–S 模型中的无风险利率并不需要过多的专业判断。

4. 分红率

根据 FAS 123（R），分红率根据企业历史分红水平，结合管理当局对分红的预测进行确定。由于期权持有者通常不期望获得分红，所以，在其他条件相同的情况下，较高的分红率会减少期权的公允价值。

选择预期分红条件并不需要较多分析。通常是假定现有红利水平或付现水平会延续。分红率经常会用过去几期的平均数。股票价格具有较高波动率的公司，其分红率也会有较高的波动性，所以应当选择较长的期间对分红率进行平均。

---

① 指根据期权现行市场价格倒推出来的波动率，可以反映市场对期权价格的认可程度。

三、对境外做法的分析

在期权公允价值的估算方面，虽然有既定的模型可供选择，但模型所用参数的确定仍然是一个复杂的过程，需要评估师根据会计师提供的资料进行专业判断。

美国的做法考虑了复杂的市场因素，提出了解决复杂问题的办法。我国市场环境下参数的确定可以基本遵循这一思路，但应当做适当调整。

1. 当前股价的选择。

美国可以选择市场报价，但我国的市场报价受市场不完善和其他因素影响，可能难以准确反映股票的内在价值，因此需要做出适当调整。

2. 行权期的选择

按照行权期间的不同，权证可以分为美式和欧式两种。美式权证中，权证持有人在到期日前，可以随时提出执行要求以买进或卖出约定数量的标的资产。而欧式权证，则是指权证持有人只能于到期日才可提出买进或卖出标的资产的执行要求。本例所引用的资料是针对美式权证而作，因此行权期的确定比较复杂，而对于欧式权证，行权期是已知的。我国的权证产品中有许多欧式期权，其价值估算相对简单。

四、我国认股权证等待期内相关评估业务探讨

认股权证属于一种金融工具，其确认和计量都具有金融工具的特点。根据企业会计准则，金融工具公允价值的估算有两个层次。存在活跃市场的金融资产或金融负债，活跃市场中的报价应当用于确定其公允价值。金融工具不存在活跃市场的，企业应当采用估值技术确定其公允价值。[①] 根据这一规定，权证的公允价值来源于两个途径：一是市场交易价格；二是

---

① 本部分内容参考了《企业会计准则第22号——金融工具确认和计量》。

估值技术的计算结果。从计量目的来说，这两个来源应当是可比的，也就是说，即使在存在活跃市场的情况下，估值技术的结果应当与市场数据一致。但是从实践经验来看，这两个途径的结果往往不可比，真正活跃市场的数据很难找到，权证的价值基本需要运用评估技术。以香港为例，香港的证券市场可以说比较完善，可以较充分地代表市场整体对价值的判断。但在权证的价值定位方面，香港的证券市场也有不尽如人意的地方，如图 4 - 5 所示。

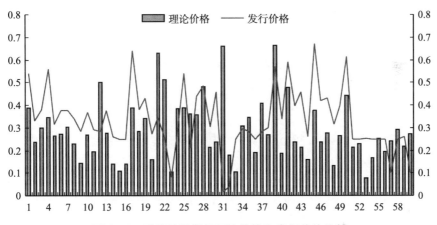

图 4 - 5　香港地区期权理论价格和发行价格比较

资料来源：中国期权网，2006。

在香港市场，权证的发行价格一般情况下高于根据 B - S 期权定价公式计算出的理论价格。选取香港市场权证交易最为活跃的 6 家上市公司近期发行的总计 60 只权证。理论价格计算采用了 B - S 期权模型，以发行日前 100 交易日的年化波动率为波动率输入参数。权证发行价格一般比理论价格高 30% ~ 60%。由此可以看出，市场很难准确反映出权证的公允价值，市场数据对于权证这一敏感的金融工具而言，反映的不仅仅是权证的公允价值，应当还同时反映了其他风险因素对价值的影响。所以，以市场数据作为权证的公允价值显然会与以估值技术确定公允价值的方式在思路上有矛盾。

由此我们也可以得出一个结论，权证的公允价值需要运用估值技术进行确定。下面根据 B - S 模型的基本原理对以我国认股权证公允价值的估算业务进行分析。

业务资料：

2005 年初，A 通过证券市场收购 B。2008 年 1 月 1 日，新公司准备发行员工激励权证。公司为其 200 名中层以上管理人员每人授予 100 份认股权证，这些人员从 2008 年 1 月 1 日起必须在该公司连续服务 3 年，即可自 2010 年 12 月 31 日起根据股价超过 10 元的增长幅度获得现金。公司当前股价为 7.9 元。

会计师委托评估师对认股权证等待期内各会计期末的公允价值进行评估。

第一步：选择评估方法。

本例中可以将认股权证看作一个欧式期权进行评估。因此评估师选择 B - S 模型进行评估。

对于欧式期权 B - S 模型的计算公式为：

$$C = SN(d_1) - Xe^{-r(T-t)}N(d_2)$$

$$d_1 = \frac{\ln(S/X) + (r + \sigma^2/2)(T-t)}{\sigma \sqrt{T-t}}$$

$$d_2 = \frac{\ln(S/X) + (r - \sigma^2/2)(T-t)}{\sigma \sqrt{T-t}}$$

其中：

S = 当前股价

X = 执行价格

r = 无风险利率

T = 权证到期日

t = 当前时点

σ = 标的资产波动率

N（·）＝标准正态分布累计概率分布函数

对于模型的运用，主要是参数的选取。B－S模型充分考虑了运用的方便性，各项参数的选取应当以市场信息为基础，不受企业特定情况的影响。

第二步：确定模型参数。

（1）当前股价。

关于当前股价，需要区别情况进行分析。美国财务会计准则第123号中规定，当前股价就是计量日股票报价。这一规定是建立在证券市场充分有效的前提下的。如果市场足够有效，股价能反映公司的合理价值，则市场上股票的交易价格可以直接运用。但如果市场不够成熟，非市场因素对股票价格的影响较大，则在计算权证价值时选取的当前股价应当有所调整。从评估角度来看，用于计算权证的股价是对未来进行判断的基础，应当是公司当前公允价值的反映。因此，当市场当前信息不能合理反映市场整体对公司价值的判断时，评估师在权证评估中需要单独对股票当前的公允价值作出判断。特别是我国目前股权结构处于过渡期，股票的市场与企业股权的真实价值背离较大的情况下，更应当对当前股价的选取持谨慎分析的态度。通常，这种判断是通过股权价值的评估来实现的，需要运用企业价值评估理论和方法，而企业价值评估理论和方法的运用是会计师本身很难胜任的，评估师在这方面的专业优势明显。

假设经评估，公司当前股票的公允价值为6.19元。此后每年重新评估。

（2）执行价格。根据业务资料，执行价格为10元。

（3）无风险利率。无风险利率通常选择同期国债利率，假设为5%。每年重新确定。

（4）标的资产波动率。经测算，波动率为40%。每年重新确定。

（5）等待期。本例中，2008年确定公允价值时，等待期为3年。此后每年递减。

第三步：计算等待期内认股权证公允价值。

将各项数据代入模型，即可得出认股权证的公允价值。

第四步：确定每年费用。

假设根据计算，该权证结算之前的每一资产负债表日以及结算日的公允价值如表 4 – 13 所示。

表 4 – 13   **股票各年公允价值**   单位：元

年份	公允价值	股价
2008	14	
2009	15	
2010	16	26

注：表内数据不是按模型严格计算得出的结果。

假设第一年有 20 名管理人员离开公司，公司估计三年中还将有 15 名管理人员离开；第二年又有 10 名管理人员离开公司，公司估计还将有 10 名管理人员离开；第三年又有 15 名管理人员离开。第三年末，假定有 110 人行权取得了现金。费用和应付职工薪酬计算过程，如表 4 – 14 所示。

表 4 – 14   **费用和应付职工薪酬计算过程**   单位：元

年份	预提费用计算（1）	支付现金（2）	当期费用（3）
2008	$(200-35) \times 100 \times 14 \times 1/3 = 77000$		77000
2009	$(200-40) \times 100 \times 15 \times 2/3 = 160000$		83000
2010		$110 \times 100 \times 16 = 176000$	16000
总额		176000	176000

其中：（3）=（1）- 上期（1）+（2）

上述计算过程中包括了公允价值估算业务以外其他的业务。由于会计师每年末要对行权日需要支付的费用根据权证的公允价值进行预提，所以需要评估师做的工作是确定公允价值。但评估师的参与范围远不限于此。由于整体过程的整体性和难以分割性，与确定公允价值相联系，每年报表日预提费用的计算、公允价值变动量的计算，也可能由会计师委托评估师做。这里同样有一个责任划分问题，评估师只对公允价值负责，其他工作由会计师负责。

第五章

财务报告目的评估执业准则研究

第一节　国际评估准则中财务报告
目的评估准则概况

　　资产评估从产生时起就服务于财务报告的编制。规范评估业务的评估准则从一开始就服务于财务报告目的。特别是 20 世纪 90 年代后期，新一轮财务报告准则变动以及发展全球性财务语言的趋势形成后，围绕公允价值计量的相关问题，以国际评估准则委员会为代表的国际评估界积极与包括国际会计准则委员会在内的会计界进行协调，就评估界在参与确定公允价值、提高财务报告质量方面如何发挥作用进行沟通。这些沟通增进了会计界对评估界的了解，对在会计准则中确立评估行业的作用起到了积极的促进作用。这些沟通也促进了国际范围内评估准则的综合化发展和质量的提高。

　　国际评估准则是国际评估准则委员会制定的代表性技术文件，在全球范围内具有较大影响，为各国评估专业组织普遍认可。国际评估准则中对财务报告目的评估关注较多。

一、早期对财务报告目的评估的极度重视

1. 国际评估准则委员会宗旨明确了对会计准则和财务报告的重视

国际评估准则委员会于 1981 年成立时，其宗旨表述为：一是为维护公共利益，制定和发布适用于财务报告的资产评估准则和应用指南，促进这些准则和指南在世界范围内得到认可和使用。二是统一各国评估准则。三是使国际评估准则在国际会计准则及其他相关报告中得到认可，并使评估师认识到，怎么做才能满足其他专业领域的规定。

这些表述非常明确地体现了国际评估准则需要完成的任务，而财务报告目的评估是其重要内容。

2. 每项准则和应用指南的基本结构中都包含与会计准则对接的内容

国际评估准则委员会于 1985 年制定了《国际评估准则》第一版。1994 年发布第二版，主要贡献是确立了市场价值定义。第二版包括：

国际评估准则 1：市场价值评估

国际评估准则 2：市场价值以外的价值类型的评估

国际评估准则 3：以财务报告和相关会计事项为目的的评估

国际评估准则 4：为贷款担保、抵押和债券进行的评估

从第二版开始，国际评估准则中已经制定了专门的财务报告目的评估准则项目。

1997 年发布了第三版，第一次发布评估应用指南。国际评估准则从第三版开始，理论框架基本完善，项目设置和准则内容结构基本清晰。第三版基本内容包括 4 项准则和 3 项应用指南，分别是：

国际评估准则 1：市场价值评估

国际评估准则 2：市场价值以外的价值类型的评估

国际评估准则 3：以财务报告和相关会计事项为目的的评估

国际评估准则 4：为贷款担保、抵押和债券进行的评估

国际评估应用指南 1：持续经营条件下的评估

国际评估应用指南 2：危险和有害资产的评估

国际评估应用指南 3：机器设备评估

每一项准则和应用指南中，都包含"与会计准则的关系"部分，用以说明本项目所规范的业务内容如何与会计准则规定进行对接。如，"国际评估准则 4：为贷款担保、抵押和债券进行的评估"中，"4.0 与会计准则的关系"中规定，"与贷款担任、抵押和债券等目的有关的评估业务，并不必然符合以公共财务信息披露为目的的评估业务要求。例如，现行用途市场价值这一概念通常不适用于以担保为目的的资产评估业务。但是评估师须确定国际评估准则 3 的要求是否适用，如果适用，应确保使用并予以适当说明。""国际评估应用指南 3：机器设备评估"中，"4.0 与会计准则的关系"中规定，"机器设备是有形资产，如果存在需要在财务报告目的评估业务中予以反映时，同其他有形资产一样，机器设备应当评估为市场价值。在适当的情况下，也可使用重置成本。"

这些内容的存在，使得国际评估准则体现了浓重的财务报告目的评估特色。

3. 包含专门的财务报告目的评估准则项目

第二版和第三版中，包含专门的"国际评估准则 3：以财务报告和相关会计事项为目的的评估"，用以规范和指导财务报告目的评估。准则中对评估师执行财务报告和相关会计事项目的评估业务以及反映价格变化对现行价值影响的评估业务时，所需遵循的基本原则和概念作出了规定。准则中还对会计师、相关管理部门和评估服务的其他使用者应当理解的概念进行了讨论。准则适用于包括在任何公开或出版文件中的不动产、厂场和设备的评估。准则中对评估中价值类型的选择、评估资料获取、评估结论的内容、特殊资产评估时的考虑、评估师的责任等内容做出了规定。

专门的财务报告目的评估准则项目，使得国际评估准则对财务报告目的评估相关业务的指导性进一步增强，进一步拉近了国际评估界与国际会计界的关系。

二、稳定发展期对财务报告目的评估的持续关注

从国际评估准则的演进历程来看，国际评估准则受国际会计准则的影响较大。国际评估准则委员会在制定的国际评估准则中，对国际会计准则的变动，特别是公允价值的引入做出了及时和积极的反映，相关准则内容作了实质性调整。

2000 年以后，《国际评估准则》的制定和修订工作进入了一个稳定发展的时期，经过了较频繁的修改。2000 年和 2001 年分别发布了第四版和第五版，2003 年 4 月推出了第六版。由于欧盟法律要求 2005 年欧盟上市公司均须执行《国际会计准则》，根据《国际会计准则》的规定，执行公允价值计量模式的公司需要对公司许多资产进行重新评估。这一重大变化给国际评估行业带来了很大影响，国际评估准则委员会于 2005 年发布了第七版《国际评估准则》，以满足《国际会计准则》和相关实务对评估行业的需求。2007 年，国际评估准则委员会发布了第八版《国际评估准则》，全面修订了"市场价值以外的价值基础"准则和"以担保贷款为目的的评估"应用指南，新增"以公共部门资产财务报告为目的的评估"和"历史性资产评估"两个应用指南，并对准则全文进行了文字复核。

第四版（2000 版）《国际评估准则》内容：

介绍

通用评估概念和原则

资产类型

行为准则

评估准则（IVS 1：市场价值；IVS 2：市场价值以外的价值类型）

评估应用指南（IVA 1：财务报告目的评估应用指南征求意见稿；IVA 2 贷款目的评估应用指南）

评估指导意见（GN 1：不动产；GN 2：租赁权评估；GN 3：厂场设备评估；GN 4：无形资产；GN 5 持续经营假设评估废止；GN 6：企业价

值评估；GN 7：危险和有害物质评估的特殊考虑；GN 8：重置成本法）

解释性说明（投资性房地产）

术语

在与国际会计准则委员会的沟通过程中，国际评估准则委员会认识到综合化发展的重要性。2000 年，国际评估准则委员会启动新一轮准则制订计划，确立了国际评估准则综合化发展的方向。国际评估准则从注重不动产评估，转向同时注重以财务报告为目的的评估、企业价值评估、无形资产评估等多个领域。国际评估准则综合化发展的一个重要特征就是保持对会计准则的重视。对于第四版《国际评估准则》，国际评估准则委员会非常明确第四版《国际评估准则》中所出现的新内容和修订的内容并不多。出版第四版《国际评估准则》的一个目的，是为了配合其他国际行业组织的工作，使各自制定的专业标准互相得到巩固。"新近出版的由国际会计准则委员会颁布的修订版国际会计准则，其修订内容就与评估标准有很大的关系。国际评估准则委员会则不久还将对 IVS 进行适当的修订，以反映这一重要的变动"。国际会计准则 IAS 16"厂场设备"中删除了"现有用途下的市场价值"概念，国际评估准则中也相应删除。增加了无形资产评估准则项目。增加了与会计准则相关的术语。

第五版（2001 版）《国际评估准则》内容：

介绍

通用评估概念和原则

行为准则

资产类型

评估准则（IVS 1：市场价值；IVS 2：市场价值以外的价值类型）

评估应用指南（IVA 1：财务报告目的评估应用指南征求意见稿；IVA 2 贷款目的评估应用指南）

评估指导意见（GN 1：不动产；GN 2：租赁权评估；GN 3：厂场设备评估；GN 4：无形资产；GN 5 持续经营假设评估废止；GN 6：企业价值评估；GN 7：危险和有害物质评估的特殊考虑；GN 8：折余重置成本

征求意见稿；GN 9：评估报告征求意见稿；GN 10：折现现金流分析法征求意见稿）

解释性说明（新兴市场评估，巴塞尔银行监管委员会相关准则和声明对贷款目的评估的影响分析，公共部门资产评估）

术语

索引

2003 年，《国际评估准则》第六版发布。第六版增加了评估报告准则，增加了租赁会计的附加指引作为 IVA 1 的附件，增加动产评估指导意见，增加 GN 8 "财务报告目的评估中的成本法"。

第六版（2003 版）《国际评估准则》内容：

介绍

通用评估概念和原则

行为准则

资产类型

评估准则（IVS 1：市场价值；IVS 2：市场价值以外的价值类型；IVS 3：评估报告）

评估应用指南（IVA 1：财务报告目的评估应用指南；IVA 2 贷款目的评估应用指南）

评估指导意见（GN 1：不动产评估；GN 2：租赁权评估；GN 3：厂场设备评估；GN 4：无形资产；GN 5：动产评估；GN 6：企业价值评估；GN 7：危险和有害物质评估的特殊考虑；GN 8：财务报告目的评估中的成本法；GN 9：折现现金流分析法；GN 10：农业资产评估；GN 11：评估复核）

白皮书（新兴市场评估）

术语

索引

国际会计准则委员会于 2003 年 11 月 21 日公布第 16 号国际会计准则——厂场设备的最终修改稿。该修改稿将厂场设备的公允价值 "通常是市场价值" 的措辞，修改为 "……公允价值通常由具有专业资格的评估师通过分析市场数据确定。"这是国际会计准则委员会继 1998 年将原第 16 号国际会计准则中"公允价值是现行用途市场价值"的规定,改为"公允价值通常是市场价值"之后的又一次重大修改。这一变动将对评估行业产生重大影响。为此,国际评估准则委员会于 2004 年 1 月发布了《为财务报告目的的资产评估征求意见稿》,探讨国际评估准则是否以及如何做出相应变动。国际评估准则委员会认为 IAS 16 号的变化将导致公允价值的多样化,以财务报告为目的的评估业务中将可能采用两种价值类型,即市场价值和持续用途价值(continuing use value)。国际评估准则委员会将建议在修订第六版《国际评估准则》的过程中,进行必要的调整,并相应地修改"国际评估应用指南 1——财务报告目的评估"。根据国际会计准则理事会对第六版《国际会计准则》的修订情况,国际评估准则委员会修订了相关概念和 IVA 1,修订了 GN 8,新增 GN 12、GN 13、GN 14。

第七版(2005 版)《国际评估准则》内容:

介绍

通用评估概念和原则

行为准则

资产类型

评估准则(IVS 1:市场价值;IVS 2:市场价值以外的价值类型;IVS 3:评估报告)

评估应用指南(IVA 1:财务报告目的评估应用指南;IVA 2 贷款目的评估应用指南)

评估指导意见(GN 1:不动产评估;GN 2:租赁权评估;GN 3:厂场设备评估;GN 4:无形资产;GN 5:动产评估;GN 6:企业价值评估;GN 7:危险和有害物质评估的特殊考虑;GN 8:财务报告目的评估中的成本法;GN 9:折现现金流分析法;GN 10:农业资产评估;GN 11:评估复核;GN 12:特殊交易资产评估;GN 13:不动产税批量评估;GN 14:采掘业资产评估)

白皮书(新兴市场评估)

术语

索引

2007 年 7 月，国际评估准则委员会最新出版了第八版《国际评估准则》，前述相关部分与第七版内容基本相近。同时，发布了《以财务报告为目的的无形资产评估指南》讨论文件。随着评估行业在经济中作用的发挥，以及会计行业对评估结论依赖程度的加大，以财务报告为目的的评估业务正快速增长，对相应准则的需要日趋迫切。为更好地满足会计行业对评估行业的需求，国际评估界非常关注国际会计界在准则方面的发展趋势，国际评估准则也基本上及时根据国际财务报告准则的变化做出相应调整。例如，增加了 IVA 3 公共部门资产财务报告目的评估应用指南，增加了 GN 15 历史不动产评估，根据国际财务报告准则和国际会计准则的变化修改了相关术语。2008 年 5 月，国际评估准则委员会准则技术委员会在纽约召开会议。会议讨论了国际评估准则委员会发布的财务报告目的无形资产评估指南征求意见稿征集的意见，包括：国际评估准则委员会是否需要等国际会计准则理事会对公允价值计量作出明确解释并制定概括性的指导意见后再制定无形资产评估准则项目，应当避免偏向于主观观点（即从财务报告企业的角度考虑）而应该坚持客观观点（即从市场参与者的角度考虑），商誉是否仍然列为无形资产（在会计上，商誉是区别于在资产负债表上所列示的可辨认的无形资产的。而在国际评估准则中，商誉是包含在无形资产中的）。

第八版（2007 版）《国际评估准则》内容：

介绍

通用评估概念和原则中的基本概念

行为准则

资产类型

评估准则（IVS 1：市场价值；IVS 2：市场价值以外的价值类型；IVS 3：评估报告）

评估应用指南（IVA 1：财务报告目的评估应用指南；IVA 2：贷款目

的评估应用指南；IVA 3：公共部门资产财务报告目的评估应用指南）

评估指导意见（GN 1：不动产评估；GN 2：租赁权评估；GN 3：厂场设备评估；GN 4：无形资产；GN 5：动产评估；GN 6：企业价值评估；GN 7：危险和有害物质评估的特殊考虑；GN 8：财务报告目的评估中的成本法；GN 9：折现现金流分析法；GN 10：农业资产评估；GN 11：评估复核；GN 12：特殊交易资产评估；GN 13：不动产税批量评估；GN 14：采掘业资产评估；GN 15：历史不动产评估）

术语

索引

三、改版后对财务报告目的评估的执着

1. 第九版《国际评估准则》

2008 年，国际评估准则委员会改组成功，更名为国际评估准则理事会。改组后，理事会设立新的运行机制。新的运行机制认为，国际评估准则必须从以前的针对不动产领域扩展为整个评估领域，国际评估准则必须是可靠、独立和高质量的一套全球的评估准则。在这一背景中，2011 年，为响应20 国峰会关于加强统一国际间专业规范的倡议，同时更好地服务国际上日新月异的评估需求，在经过多次意见征求后，国际评估准则理事会于 2011 年 7 月正式发布第九版《国际评估准则》。

第九版（2011 版）《国际评估准则》内容：

介绍

IVS 定义

IVS 框架

基本准则（IVS 101：工作范围；IVS 102：实施；IVS 103：报告）

资产准则（IVS 200：企业及企业权益；IVS 210：无形资产；IVS 220：机器设备；IVS 230：不动产权益，附件——历史性不动产；IVS 233：在建投资性不动产；IVS 250：金融工具）

评估应用（IVS 300：以财务报告为目的的评估，附件——公共部门的固定资产；IVS 310：以担保贷款为目的的不动产权益评估）

索引

与早期版本相比，第九版《国际评估准则》在语言和形式上有了重大的变化，内容更突出了原则性，旨在通过推进公认概念和原则来提高使用者的理解能力，使评估服务的提供者按照规定的程序增加评估过程的透明度，从而达到树立和增强报告使用者利用专业评估服务进行投资和做其他财务决策的信心。第九版《国际评估准则》的主要变化：一是淡化了不动产偏向性。最初的国际评估准则仅涉及不动产方面，尽管其多年来已拓展并延伸至其他资产类型，但旧版准则普遍存在有偏重不动产的倾向。二是原则替代规则。新版准则减少了对于程序性的描述，以使基于原则的准则更能在国际间得以应用。三是着重点的改变。国际评估准则委员会认识到，国际评估准则的有效性来自人们对它的认同和运用。所以，新版准则的目标是建立国际公认的适用于各类评估对象的评估准则和要求，而不再在准则中着重强调对评估师的指导和监管。

在财务报告目的评估准则方面，第九版国际评估准则在项目上做了较大简化，只保留了 IVS 300 "以财务报告为目的的评估"。但由于本版准则整体上做了大幅简化，因此从准则所占比例角度去看，财务报告目的评估准则占国际评估准则的分量并没有改变。而且，其他准则如基本准则和资产准则中的相关要求，对财务报告目的评估的适用性进一步增强。第九版《国际评估准则》新增加了金融工具准则，简要分析了影响金融工具价值的参数、不同的评估方法的优缺点，旨在提高评估的透明度和客观性。正在研究的准则项目采掘业、林业、负债、金融衍生品、投资性不动产等，在相当大的程度上主要服务于财务报告目的评估。

对于此前版本中的"与会计准则的关系"部分，改版后的国际评估准则所有项目中都不再保留。

第九版《国际评估准则》对财务报告目的评估依然执着。2012 年，国际评估准则理事会发布了多个征求意见稿。其中涉及财务报告目的评估的有：

一是《审计程序中评估师的职责》项目征求意见稿。为了帮助评估师向公允价值审计程序中的审计人员或企业提供专业意见，防范财务违规事件的发生，国际评估准则理事会发布了《审计程序中评估师的职责（征求意见稿）》。征求意见稿认为，大多数情况下，审计师可能不要求评估人员对评估值提供意见，而是仅对管理层或管理层聘用的专家所使用的评估方法、评估模型和假设进行评价，不需要出具评估报告。审计师要与评估人员共同确定哪些信息在什么程度上可以作为依据，哪些工作要由评估人员独立完成，或需要由审计团队中的其他成员来完成。该征求意见稿在定位于帮助评估师的同时，对相关方也有所帮助。

二是《采掘业评估》项目征求意见稿。为了给矿产、石油和天然气采掘行业提供更好的评估指导，国际评估准则理事会发布了《采掘业评估准则（征求意见稿）》。采纳国际财务报告准则进行的全球矿产储量及资源估值，近年来已经暴露出许多不一致之处，引起金融监管机构、审计师和投资者群体的关注。因此，国际评估准则委员会计划征求有关各方对目前所用各种方法的意见，以帮助确定出未来评估标准的形式和内容。

三是《投资性房地产评估》项目征求意见稿。为了解决评估结论的差异给投资者带来的潜在风险，国际评估准则理事会发布了《投资性资产评估（征求意见稿）》。过去十年跨境投资的金额，特别是进入新兴市场的投资金额增长迅速，除了国际财务报告准则之外，需要针对不定期评估传统、交易信息和其他数据有限市场中的投资性资产进行评估。提升评估报告的一致性是这个项目的目标。

2. 第十版《国际评估准则》

第十版《国际评估准则》于 2014 年 1 月 1 日开始实施。其在原准则基础上，对"基本准则""资产准则""评估应用"部分进行了修订。在第十版准则中，国际评估准则理事会决定废止 IVS 300 的附件，主要出于以下两个原因：一是 IVS 300 "以财务报告为目的的评估"的附件一"公共部门的不动产、工厂和设备"大量引用国际公共部门会计准则（international public sector accounting standards，IPSAS）要求。IPSAS 正在开展概念框架项目，包括公共部门承办的正确计量资产类型项目。因此，在不久的未来，IPSAS 的计量要求也将有所改变。二是在世界范围内有很多不同的财务报告准则被使用，并且对计量与评估的要求也有很大差异。IVS 300 是适用于所有的以财务报告为目的的评估。但是，在原有 IVS 300 的附件中仅提到公共部门的不动产、工厂和设备，这容易产生困惑。

同时，为更好地服务财务报告目的评估，国际评估准则理事会启动了一个金融衍生工具评估的新项目，旨在提升金融衍生工具评估技术的一致性，加深对提升评估技术的了解。项目涉及的各类衍生工具包括股本衍生工具、固定收益衍生工具、信用衍生工具、外汇衍生工具、大宗商品衍生工具和混合衍生工具。项目的目的是检查对这些工具会产生影响的因素，以及了解这些影响是如何反映在常用评估模型之中。

第十版（2013 版）《国际评估准则》主要内容：

介绍

IVS 定义

IVS 框架

基本准则（IVS 101：工作范围；IVS 102：实施；IVS 103：报告）

资产准则（IVS 200：企业及企业权益；IVS 210：无形资产；IVS 220：机器设备；IVS 230：不动产权益，附件——历史性不动产；IVS 233：在建投资性不动产；IVS 250：金融工具）

评估应用（IVS 300：以财务报告为目的的评估，附件——公共部门的固定资产；IVS 310：以担保贷款为目的的不动产权益评估）

索引

3. 第十一版《国际评估准则》

2017 年，第十一版《国际评估准则》发布，删除了以前版本中的指导性内容，保留的内容均为强制性要求。增加了 IVS 104 价值类型、IVS 105 评估途径和方法，对价值类型和评估方法运用提供更加细致的解释和规定。将 IVS 220、IVS 230、IVS 233、IVS 250 修订后重新编号。删除了两个应用指南。

第十一版（2017 版）《国际评估准则》主要内容：

介绍

IVS 定义

IVS 框架

基本准则（IVS 101：工作范围；IVS 102：调查与合规遵循；IVS 103：报告；IVS 104：价值类型；IVS 105：评估途径和方法）

资产准则（IVS 200：企业及企业权益；IVS 210：无形资产；IVS 300：厂场设备；IVS 400：不动产权益，附件——历史性不动产；IVS 410：开发性不动产；IVS 500：金融工具）

评估应用（IVS 300：以财务报告为目的的评估，附件——公共部门的固定资产；IVS 310：以担保贷款为目的的不动产权益评估）

索引

制定国际评估准则（IVS）最初的原因之一，即是与后来的国际会计准则在评估固定资产时的一致性的需要。从 1984 年到 2017 年，国际评估准则执着于财务报告目的评估 30 余年。在第十一版《国际评估准则》发布时，财务报告目的评估准则的身影彻底在国际评估准则项目目录中消失。作为一个发端于财务报告目的，长期坚守财务报告目的的评估准则体系，放弃这个准则项目实属可惜，特别是在公允价值计量日渐普遍、国际会计界对评估服务空前依赖的阶段。但从另一方面去分析，虽然没有了财务报告目的评估准则的身影，但国际评估准则对财务报告目的评估的规范和指导却没有减弱，现有评估准则项目中的所有规定，都适用财务报告目的评估，只不过没有明确说明罢了。第十一版《国际评估准则》"介绍"中指出，"评估服务在财务领域和其他领域被广泛使用和依赖，有的是作为财务报表的一部分，有的是为了满足监管需要，有的是支持担保和交易行为。"对基本准则的说明中指出，"这些准则适用于所有类型资产和所有评估目的。"对"评估目的"的解释中指出，"评估目的是指开展评估的理由，通常，评估目的包括财务报告目的、税收目的、诉讼目的、交易支持目的、担保贷款决策目的。"这是国际评估准则脱胎换骨实现新飞跃的必经之路。从有到无，不是从 1 到 0，而是从有形到无形，这其实是提升。国际评估准则对评估业务的规范方式，特别是准则制定者在制定财务报告目的评估准则过程中与国际会计界的沟通、对国际会计准则发展变动的关注，体现了强烈的专业精神，这是国际评估界的重要财富，是我们国内评估准则制定的优秀榜样。

第二节 境外其他评估准则体系中的 财务报告目的评估准则

一、欧洲评估准则

欧洲评估组织联合会（TEGOVA）负责制定欧洲资产评估准则（EVS），并已先后制定发布八版。

1978 年，欧洲共同体制定并发布第四号法令，适用于除银行、金融机构和非营利机构以外公司的会计报表事项，其中第 35 条规定了与固定资产评估相关的规则，从立法上对这种会计改革的方向予以认可。为在公司年度会计报表中反映固定资产的市场价值，许多公司聘请评估师对公司固定资产进行评估。欧洲固定资产评估师联合会为配合欧盟公司法的有关规定，出版了《欧洲评估指南》（Guidance Notes for European application），指南的第一稿和第二稿正是欧洲第四号法令的征求意见稿和正式稿发布的时间。

从欧洲评估准则的起源可以看出，欧洲评估准则早期主要服务于财务报告目的。到 2000 年第四版时，欧洲评估准则不再仅仅服务于财务报告目的，而是扩展到所有评估目的。在此基础上，几经修订出版，于 2016 年发布了《欧洲评估准则》（EVS）第八版。

虽然欧洲评估准则扩展到其他评估目的，但扩展后，每一版都有单独

的财务报告目的评估准则项目。第四版和第五版都是"准则 5 财务报告目
的评估"。第六版和第七版都是"评估应用指南 1 财务报告目的评估"。
第八版是"评估指导意见 1 财务报告目的评估"。

欧洲关于财务报告目的评估的法令，现行的涉及年度财务报表、合并财
务报表和相关事项报告的法令是 2013 年 34 号法令。大多数国际会计准则和
国际财务报告准则被欧盟法律采用。目前包括：IAS 2：存货；IAS 11：建
筑合同；IAS 16：不动产厂场设备；IAS 17：租赁；IAS 40：投资性不
动产；IAS 41：农业；IFRS 5：持有至销售和折扣运作的非流动资产；
IFRS 6：矿产资源开采和评估；IFRS 13：公允价值计量。

欧洲评估准则中的"评估指导意见 1 财务报告目的评估"仅适用于
上述采用了国际会计准则或国际财务报告准则的情况。

二、英国评估准则

英国皇家特许测量师学会（RICS），作为英国影响最大的评估行业
自律组织，其主要职能之一是制定、修订和完善行业执业技术标准。其
发布的专业准则（"红皮书"）代表了英国评估执业标准。

"红皮书"的最早版本发布于 1974 年。当时仅仅适用于公司账务相
关的评估或其他需要公开的财务报表的评估，也就是财务报告目的评
估。这些准则经常根据会计准则和评估实践的发展进行修订。1990 年
颁布了第三版。1991 年，成为所有特许测量师从事评估报告的一个强
制性的规则。虽然此后 RICS 也制定了一些用于财务报表评估以外的评
估指南，但是财务报告目的评估准则一直是"红皮书"的重要特征。

2000 年前后，国际会计准则经历重要的改革。与会计准则密切相关
的财务报告目的评估准则也随之面临改变。各主要评估准则制定主体都
在此时加紧修订自己的财务报告目的评估准则。"红皮书"在这一阶段
也发生了变动。2003 年，"红皮书"结构经历重大调整，一是区分国际
适用和英国适用。二是区分强制性和推荐性，准则中只保留了强制执行

的项目，其他参考性项目则以评估信息文件（valuation information papers）形式发布。此次调整后，国际适用的财务报告目的评估准则项目作为推荐性评估信息文件发布，即 VIP No.1 财务报告目的的自有不动产评估。英国适用的评估准则中则保留了财务报告目的评估准则项目，即 PS1 财务报告目的评估。

这一时期，英国 RICS 是国际评估准则的活跃参与者。国际评估准则的演进，也体现着 RICS 的意志，英国评估准则与国际评估准则在重要理念方面是一致的。而且，RICS 一直致力于促成全球统一的评估准则，国际评估准则是其认为的最合理途径。在这一背景下，"红皮书"全面认可国际评估准则。2008 版"红皮书"中，明确说明"RICS 采用国际评估准则"，"红皮书"与国际评估准则"原则、目的、定义相同"，"红皮书"中"国际评估准则未包括或高于国际评估准则的要求，遵守"红皮书"的要求也是遵守国际评估准则"。这一版"红皮书"中，还引用了国际评估准则的财务报告目的评估应用指南。适用于英国的准则中仍然保留财务报告目的评估准则。

2014 年版开始，"红皮书"中直接将国际评估准则作为准则的一部分，全文引用。国际评估准则中的财务报告目的相关准则成为"红皮书"的内容。

三、其他财务报告目的评估准则

在许多国家或地区，财务报告目的评估业务并不是由评估机构承担。有的是因为没有法定形式的评估机构，有的是因为会计师事务所、其他咨询机构的执业范围中，承担了评估机构的职责。这些国家或地区，用以规范财务报告目的评估业务的准则不一定称为评估准则，许多以其他形式存在。

例如，在美国，《专业评估执业统一准则》（Uniform Standards of Professional Appraisal Practice，USPAP）由美国评估促进会发布，该准则

是美国评估行业公认的评估准则，也是国际评估界最具影响力的评估准则之一。但其内容中没有明显的财务报告目的特色。不过，美国注册会计师协会（AICPA）倒是在财务报告目的评估方面有许多专业文件。在2001年，AICPA出版了具有重要里程碑意义的《企业合并获取的资产在研发活动中的应用：聚焦软件、电子设备和制药产业》（Assets Acquired in a Business Combination to Be Used in Research and Development Activities：A Focus on Software，Electronic Devices，and Pharmaceutical Industries），该应用指南的起草小组结合其他专业领域（如税务评估领域）的实际经验，提出了"多期超额收益法"（multi-period excessive earnings method，MEEM），引入了贡献资产（contributory asset）和贡献资产回报（contributory asset charge）的概念，创造性地为研发技术活动（IPR&D）的公允价值计量提供了解决思路。2004年发布了应用指南《以薪酬形式发行的私有公司权证评估》（Valuation of Privately–Held–Company Equity Securities Issued as Compensation），其中对非上市公司股权价值的评估、整体股权价值在各类权益性证券之间的分配以及各类股权激励的计量进行了全面的介绍。2011年以来，AICPA结合公允价值计量概念的发展以及该指南在实务领域的具体问题，进一步归纳了决策树分析（desicion tree analysis）、蒙特卡罗模拟（monte carlo analysis）、有无比较分析法（"with and without" analysis）和"绿地"法（greenfield method）等实践中出现的新的无形资产评估方法。此外，对美国会计准则下商誉减值测试的概念、步骤和方法进行了系统性梳理。

一些大型咨询机构，也独立开展了财务报告目的评估研究，制定了自己的内部操作规范。

第三节　我国财务报告目的评估准则的发展

在我国，由于历史的原因，评估分为资产评估、房地产估价、土地估价、矿业权评估等不同专业。不同专业都有自己的执业标准。而在财务报告目的评估准则方面，较为完整的则是中国资产评估协会发布的相关资产评估准则。

一、资产评估准则体系

中国资产评估准则由财政部和中国资产评估协会制定，自 2001 年第一项资产评估准则发布始，至 2016 年，中国资产评估准则曾经达到 28 项，包括财政部发布的《资产评估准则——基本准则》《资产评估职业道德准则——基本准则》两项基本准则和中国资产评估协会根据基本准则制定的 26 项具体准则、评估指南和指导意见。当时的资产评估准则体系，如图 5 - 1 所示。

2016 年，《资产评估法》发布并实施，资产评估法确立了评估准则的法律地位并规定了评估准则制定方式。财政部和中国资产评估协会根据资产评估法的要求，对 28 项资产评估准则进行全面修订。全面修订后，资产评估准则体系按照资产评估法的要求进行了结构调整，由原来的两部分 4 层次，调整为三部分 4 层次。

调整后的资产评估准则体系如图 5 - 2 所示。

经过多年发展，资产评估行业已经建成了涵盖主要资产类型和主要经济行为，兼顾业务操作、职业道德和质量管理，适应中国国情并与国际趋同的准则体系。资产评估准则已经成为评估机构和专业人员执业的标准，成为监管部门判断评估业务质量的标尺，成为评估报告使用人理解评估结论的重要依据。资产评估准则体系的建立，对于规范资产评估业务、服务业务监管、促进评估报告正确使用发挥着基础性作用。

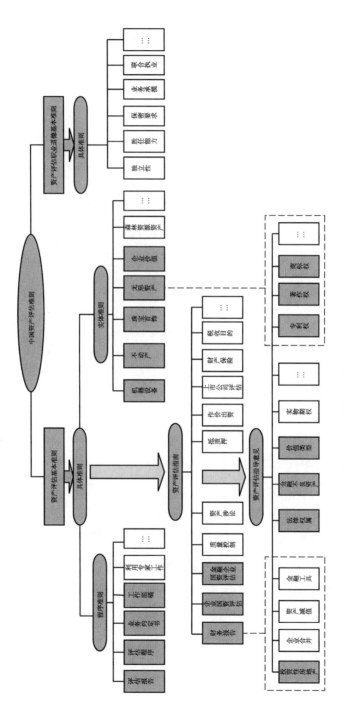

图5-1 中国资产评估准则体系

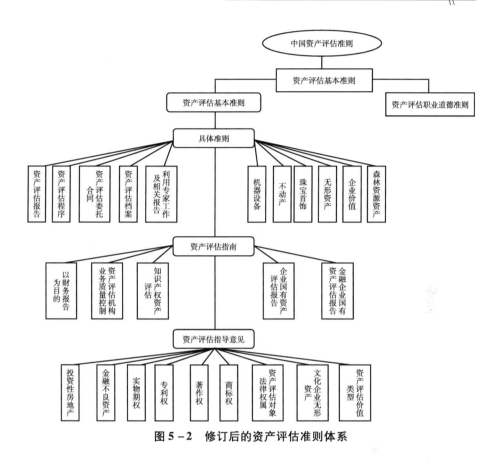

图5-2　修订后的资产评估准则体系

二、中国的财务报告目的评估准则

在资产评估准则体系中，包含着一些有机体。这些有机体中各准则项目具有相似的性质，通过合理分工，发挥一定的作用。例如，各项无形资产类准则、各项程序类准则、各项财务报告目的准则等。为方便表述，我们将这些有机体称为"框架"。

财务报告目的评估是中国资产评估准则体系涵盖的重要领域之一。也是中国资产评估行业花费较大精力开拓的服务市场之一。2001年第一项资产评估准则发布之前，中国资产评估行业的执业标准主要是政府制定的法规和行业协会制定的操作规范意见。这些执业标准对财务报告目的评估业务考虑不充分。2001 年开始发布资产评估准则以后，规范评估师执行财务报告目的评估业务一直是中国资产评估准则体系的重要目的。财务报告目的评估准则框架是我国资产评估准则体系的重要组成部分。

（一）项目情况

资产评估准则对评估业务的规范，通过准则体系整体发挥作用。和国际评估准则一样，一些通用的准则项目的要求，适用于财务报告目的评估业务。

基本准则的所有要求都适用于财务报告目的评估业务。程序性准则的要求都适用于财务报告目的评估业务。大部分实体性准则的要求，在财务报告目的评估业务中也会用到。如资产减值测试时，也会运用相应的实体性准则的要求。在这些准则的基础上，我国设计了专门的财务报告目的评估准则框架。

财务报告目的评估准则框架是"1 + N"的结构。即 1 项《以财务报告为目的的资产评估指南》，多项指导意见。指导意见层面规划了投资性房地产、资产减值等。至 2016 年，指导意见层面制定了《投资性房地产评估指导意见》。

（二）制定过程

在国际范围内财务报告计量方式改革的大背景中，中国资产评估协会借鉴国际评估准则研究和制定财务报告目的评估准则的经验，紧跟中国会计计量模式改革的进程，在财务报告目的评估方面投入了大量精力。中国财务报告目的评估准则的制定，几乎与中国会计准则引入公允价值计量模式同步。

1. 《以财务报告为目的的评估指南》

在大量前期研究的基础上，《以财务报告为目的的评估指南》（以下简称《指南》）于 2007 年进入实质性起草阶段。2007 年 4 月，中评协组织启动《指南》起草工作，2007 年 6 月形成了《指南》草案。2007 年 8

月，中评协组织召开了《指南》专题研讨会，组织业内专家对《指南》
草案进行了研究讨论，吸收了业内专家提出的意见，经过修改，形成了
《指南》征求意见稿向行业内外公开征求意见。2007 年 10 月，中评协根
据公开征集的意见，对《指南》征求意见稿进行修改、完善，形成了
《指南（试行）》。2007 年 11 月，中评协正式发布《指南》。2017 年 9 月，
中评协对指南进行了修订。

　　《指南》在评估准则体系的层次上定位在评估基本准则、具体准则之
下，评估指导意见之上，作为专门规范财务报告目的评估业务的评估指
南，突出原则性和对重要事项的规范。《指南》强调了评估与会计、审计
的衔接，要求评估在服务于财务报告时，充分关注会计准则的规定和要
求，同时将评估和会计有关的概念进行了衔接，突出了服务于财务报告的
针对性。

　　《指南》分为"总则""基本遵循""评估对象""价值类型""评估
方法""披露要求""附则"。其中，"总则"明确了《指南》的制定宗
旨、制定依据，定义、适用范围及相关服务领域。"基本遵循"规定了评
估基本原则、独立性原则、胜任能力原则、评估报告的要求、偏离规范的
披露要求、与相关方的沟通、评估基准日、信息的获取、评估假设、利用
专家工作、责任的划分等内容。"评估对象"规定了评估对象的确定原
则、评估对象的关注事项与分类、合并对价分摊的评估对象、资产减值测
试涉及的评估对象、投资性房地产评估的重要事项、金融资产和金融负债
评估的重要事项等内容。"价值类型"规定了价值类型定义的要求、评估
价值类型与会计计量属性的衔接、资产减值测试相关的特定价值类型描述
及关注事项、净重置成本的描述等内容。"评估方法"规定了评估方法选
择的原则性要求、对评估输入值及其层级的关注、评估方法的一致性与变
更、市场法比较对象的选择要求、市场法比较因素的关注和调整要求、收
益法的具体方法选择、收益法收益口径的恰当性选择、收益法资料的获取
和使用要求、折现率的使用要求、使用成本法的考虑因素、成本法使用的
前提和披露要求、最终评估结论的形成等内容。"披露要求"规定了遵循

评估报告准则的要求、报告重点披露的内容、评估结论使用限制的披露等内容。

2.《投资性房地产评估指导意见》

在《以财务报告为目的的评估指南》发布后,中国资产评估协会开始研究制定主要会计科目资产公允价值评估准则。一方面是满足执业需求,一方面也是完善财务报告目的评估准则框架。

投资性房地产是现代社会经济中的重要资产,是企业资产的重要组成部分。投资性房地产评估也是以财务报告为目的的资产评估的重要组成部分,是随着新会计准则的发布和公允价值计量模式的采用发展起来的新兴资产评估行为。制定本指导意见对于适应会计准则的变化、规范执业行为、指导实践、提高执业水平都具有重要意义。

《投资性房地产评估指导意见》的研究制定工作开始于 2008 年。当时,我国新发布的会计准则已引入了公允价值的概念和计量模式,其中《企业会计准则第 3 号——投资性房地产》是企业会计准则体系中新增的一项重要内容,目的是为了规范投资性房地产的确认、计量和相关信息的披露。国际会计准则中也越来越多地采用了公允价值。

上市公司信息披露中对评估也产生了需求。2008 年年报显示,1624 家上市公司有 690 家存在投资性房地产,采用公允价值模式的为 20 家。投资性房地产公允价值确定的方法主要有评估价格（14 家公司）、第三方调查报告（1 家公司）及参考同类同条件房地产的市场价格（5 家公司）。① 在采用公允价值计量投资性房地产的上市公司中,从 2007 年中报多数由上市公司管理层根据相关资料自行估计公允价值,到 2008 年年报 70% 上市公司采用独立评估师专业意见,体现了上市公司对资产评估师为会计业务提供服务的认可。

投资性房地产评估是专业性非常强的一个领域,以财务报告为目的的投资性房地产的评估作为评估行业的新兴业务,与会计准则的相关性较

---

① 我国上市公司 2008 年执行企业会计准则情况分析报告［N］.上海证券报,2009 – 7 – 23.

高。为便于评估报告使用者准确理解投资性房地产的评估行为，保护资产评估各方当事人的合法权益，非常有必要制定符合投资性房地产评估特点的专门的指导意见，以规范投资性房地产的评估行为。

2008 年 3 月，中评协确定了投资性房地产评估指导意见起草项目组。项目组多次召开起草工作会议，收集、翻译了国外投资性房地产评估方面的大量资料，对投资性房地产评估涉及的重要名词、术语、价值类型、评估方法及评估理论等系列问题进行了深入研究，总结了国内投资性房地产评估的实践经验和研究成果，形成自己的基础研究成果，通过对其进行归纳、提炼后形成草稿，并就草稿在行业内部进行了广泛讨论，征求了审计师及相关评估专家的意见，集思广益，数易其稿，于2009 年 8 月形成征求意见稿在行业公开征求意见。2009 年 12 月，中评协根据征集的意见对指导意见进行修改完善后，正式发布《投资性房地产评估指导意见》（以下简称《指导意见》）。2017 年 9 月，中评协对《指导意见》进行了修订。

《指导意见》包括总则、基本遵循、评估对象、评估方法、披露要求、附则等六部分。总则中明确了准则的制定目的，投资性房地产的定义。投资性房地产是指《企业会计准则第 3 号——投资性房地产》及其应用指南所称的投资性房地产，即企业为赚取租金或者资本增值，或者两者兼有而持有的房地产。基本遵循中是对执行投资性房地产业务的基本能力要求、考虑会计准则对接要求、与企业和审计师对接的要求、基本事项的要求，以及收集资料和现场勘查要求。评估对象中，要求资产评估专业人员知晓会计准则中投资性房地产的分类，提请委托人参照会计准则的要求，明确评估对象。评估方法中，要求根据评估对象、价值类型、资料收集情况和数据来源等相关条件，参照会计准则关于评估对象和计量方法的有关规定，选择评估方法。准则中没有规定三种基本方法的优先顺序，但主要对市场法和收益法的运用做出了规定，没有对成本法的运用提出要求。采用市场法和收益法无法得出投资性房地产公允价值时，可以采用符合会计准则的其他方法。如果仍不能合理得出投资性房地产公允价值，经委托人同意，还可以采用恰当的方式分析投资性房地产公允价值的区间值，得出价值分析结论，并提醒资产评估报告使用人关注公允价值资产评估结论和价值分析结论的区别。披露要求中，提出了基本的披露要求和重点披露的事项。当评估对象存在产权瑕疵且该瑕疵事项可能对投资性房地产的公允价值产生重大影响时，应当对该瑕疵事项及其影响进行披露并提请资产评估报告使用人予以关注。

《指导意见》作为财务报告目的评估准则框架的重要组成部分，充分体现投资性房地产评估的特点，凸显其专业性。在准则起草过程中，已发布的《以财务报告为目的的评估指南（试行）》《资产评估准则——不动产》中有规定的内容，《指导意见》都不再重复，重点对投资性房地产评估在满足以财务报告为目的的评估中独特的或共性的问题进行规范，力求详略得当。

《指导意见》同《以财务报告为目的的评估指南（试行）》一样，也强调了评估与会计、审计的衔接，要求评估在服务于财务报告目的时，充分关注会计准则的要求，将评估和会计上的投资性房地产概念进行了衔接，突出了服务于财务报告目的的特点。

《指导意见》起草过程中注意借鉴国际经验，力求使一些基本名词、概念、术语、方法与国际接轨，以利于促进行业的国际化。同时，兼顾了我国的国情、评估实践和市场经济发展的状况，在投资性房地产评估规范的制定方面充分考虑了我国的实际情况，没有简单地模仿或照搬国外的条款。

第四节　财务报告目的评估准则的分析

全球范围内不同财务报告目的评估准则体系，其发展过程和内容，有相似也有区别。分析这些异同，对于做好我国财务报告目的评估准则具有重要意义。

一、国际评估准则中的财务报告目的评估准则勇立潮头

从发展历程来看，以国际评估准则的发展最为典型，也最具有影响力。30 年来一直在优化、丰富、提升，体现了评估的专业服务精神。而欧洲、英国和其他的准则体系，从修订频率上看，对于财务报告目的评估准则的维护则稍微逊色。中国的财务报告目的评估准则起步较晚，也仅仅修订过一次。这其实与国际评估准则本身的地位有关。国际评估准则是全球评估行业的旗帜，评估行业的专业发展，都最早体现在国际评估准则中。进入 21 世纪以来，会计计量模式的变更，以及 2008 年金融危机对财务报告标准的影响，都自然较早地体现在国际评估准则中。

二、准则内容受会计准则的影响较大

从专业内容来看，除早期各有特色外，近 10 多年来的发展有明显共同特色。国际评估准则、欧洲评估准则、英国的国际准则，都是以国际会计准则、国际财务报告准则为对接标的，相应的内容随着会计准则的变动而作出调整。我国的财务报告目的评估准则，则是根据我国会计准则的发展变化而做相应调整的。我国财务报告目的评估准则 2017 年修订时，主要是根据会计准则的要求和实践要求，对价值类型与会计计量属性对接的表述进行了优化，避免冲突。英国的国内财务报告准则和美国等国家的财务报告目的准则也是以各自国内的会计准则为对接标的。

三、我国的财务报告目的评估准则框架较为完善

从准则框架来看，以国际评估准则为代表的境外评估准则体系中的财务报告目的评估准则，大多是一个项目，很少针对具体科目或会计事项制

定准则项目。我国则是一个较为完整的框架，在财务报告目的评估指南的基础上，规划了投资性房地产、资产减值、合并对价分摊等准则项目。美国对财务报告目的评估的规范，则较为零碎，多是因需而作，没有整体规划。

四、准则的规定以服务企业会计核算为主

国际评估准则中的财务报告目的评估相关规定，都明确了对会计准则相关规定的对接。例如，国际评估准则财务报告目的评估应用指南中指出，"为遵守 IVS 101 第 2（C）条关于确认评估目的的要求，工作范围应当包括明确适用的财务报告准则，以及该准则中明确评估服务的特定财务目的。财务目的是指财务报告中需要使用评估的原因，例如：净值的计量、企业合并后的收购价格分摊、减值测试、租赁分类或资产折旧费用的计算"。这些目的中，以服务会计核算为主。

从我国评估准则对财务报告目的评估的定义可以看出，我国的财务报告目的评估服务对象主要指企业。《以财务报告为目的的评估指南》第二条规定，本指南所称以财务报告为目的的评估，是指资产评估机构及其资产评估专业人员遵守法律、行政法规、资产评估准则和企业会计准则及会计核算、披露的有关要求，根据委托对评估基准日以财务报告为目的所涉及的各类资产和负债公允价值或者特定价值进行评定和估算，并出具资产评估报告的专业服务行为。第四条规定，资产评估专业人员可以参照本指南执行以下与以财务报告为目的的评估业务相关的其他业务，主要包括："（一）开展与价值估算相关的议定程序，以协助企业判断与资产和负债价值相关的参数、特征等，主要包括：1. 估算或者测算资产的更新或者复原重置成本；2. 协助企业判断、确定资产使用年限、尚可使用年限、实物状态、质量等参数、特征，以及验证资产的真实存在性；3. 协助企业确定、判断资产获利能力和预测资产的未来收益；4. 执行与负债价值有关的议定程序。（二）协助企业管理层对能否持续可靠地取得公允价值

做出正确的评价。"

　　虽然我国准则中也对审计程序进行了关注，但这些关注的目的是更好地服务于企业会计核算。《以财务报告为目的的评估指南》第八条规定，执行以财务报告为目的的评估业务，应当与企业和执行审计业务的注册会计师进行必要的沟通，明确评估业务基本事项并充分理解会计准则或者相关会计核算、披露的具体要求。《投资性房地产评估指导意见》第七条规定，执行投资性房地产评估业务，应当与企业和执行审计业务的注册会计师进行必要的沟通，了解其因遵循相关会计准则的具体要求而提出的具体意见和建议，并分析这些意见和建议对评估业务的影响。第二十三条规定，编制投资性房地产评估报告应当披露必要的信息，使资产评估报告使用人，包括企业管理层和执行审计业务的注册会计师等，了解资产评估过程、正确理解和使用评估结论。

五、纠结于如何对服务审计程序进行规范

　　实践中的财务报告目的评估业务，评估师也同时为审计师提供服务，这种服务属于审计准则中的利用专家工作。

　　全球审计监督的力度在不断增加，财务报表中对评估的需求也越来越大，财务报表审计中对公允价值评估服务的审计越来越多。这就需要评估师更多地了解：一是相关的会计、评估和审计准则的规定，以便评估过程和评估报告可以满足这些准则的要求。二是独立审计师和作为审计专家的专业评估人员各自的作用，包括承担工作的范围。三是专业评估人员要和独立审计师（当被聘任为审计专家时）、报告实体的管理层（当被聘任为管理层专家时）之间进行必要的透明、公开和高效的沟通。

　　这种情况下，需要考虑审计准则的要求。国际评估准则理事会开展了相应的研究，制定了相应的项目并发布《审计程序中评估师的职责》征求意见稿。征求意见稿中，对评估师在审计程序中的职责进行了划分。一是企业管理层聘请的评估师。承担这一职责的评估师在向管理层提供公允

价值意见的时候，要同时关注审计准则的规定。"尽管公司管理层需要对财务报表中评估值的计量和披露的信息负责，但一个报告实体聘用的专业评估师能够理解审计师对评估工作相关要求还是很重要的，这样才能出具更能满足审计师要求的报告。"二是作为专家直接为审计师提供公允价值意见的评估师。这时，评估师需要严格遵守评估准则的规定。三是作为专家帮助审计师复核管理层评估师的工作。这时，评估师不需要对评估值提供独立意见，仅对管理层或管理层聘用的专家所使用的评估方法、评估模型和使用的假设进行评价。在这种情况下，一份完全符合 IVS 103 准则要求的评估报告可能并不需要。但是 IVS 准则中的其他条款对该评估和程序仍然适用，并且提供的建议的格式应该记录在 IVS 101 要求的工作范围内。

但遗憾的是，国际评估准则理事会制定的征求意见稿并没有正式发布。一方面出于国际评估准则理事会组织机构改革的影响，另一方面则是因为国际评估界对项目的必要性未能达成一致。评估师服务于审计程序，是以专家身份参与审计程序。而审计程序中的专家，其作用、工作内容、工作程序是受审计师执业能力、执业流程、业务重要性水平等多种因素影响的。难以为这样的工作提供一种清晰的专业指导。因此，国际层面的沟通和国内层面的沟通，比较有成果的领域都是专业对接，而对于专业分工的沟通，则收效不大。中国评估界与会计界就分工开展的沟通也没有明显效果，会计准则中仍然没有明确评估师在公允价值确认计量方面的地位。

第六章

规范发展我国财务报告
目的评估的建议

对财务报告目的评估的规范，需要借助多方面的力量，建立综合的业务管理体系。主要内容包括评估理论体系的深化和完善，法律法规方面的支持，相关监管部门对各方责任的划分，会计准则中明确评估的参与，审计准则中对评估师意见的利用，制定相应的评估准则，加强业务和理论培训，等等。

第一节 深入推进财务报告目的评估理论研究

国际范围内，在财务报告目的评估领域，评估界与会计界、审计界的合作内容更多地体现在准则项目间的对接，即服务对接。而对于会计、审计与评估在理论层面的对接，包括概念、理念等方面的对接，则明显不足。为进一步促进财务报告目的评估发展，相关理论研究需要进一步深化。

一、加强财务报告目的评估理论研究

（一）深入研究资产评估价值类型与会计计量属性的对接

根据资产评估理论和准则，资产评估的价值类型，具有明确的分类体系。根据会计理论和准则，会计计量属性，也具有特定的表述。两者的对接，建立在各自专业内涵方面实现协调的基础上。

《国际评估准则》2017 年以前的版本，只对评估价值类型如何对接公允价值做了说明。IVA 1 "财务报告目的评估应用指南"中指出，在国际财务报告准则下，公允价值是许多类型资产和负债必要的计量基础或被允许的选择。"IFRS 13 公允价值计量"包括如下定义："公允价值是指市场参与者在计量日一个有序的交易中，出售一项资产得到的或转移一项负债支付的价格。"这一定义取代了早期国际财务报告准则中的各种定义，但必须注意到，这一定义不同于 IVS 框架中的定义，后者更多地用于财务报告以外的目的。IFRS 13 中的这个定义及其相关注释清晰地显示出，国际财务报告准则下的公允价值与 IVS 框架中讨论和定义的公允价值是两个不同的概念。IFRS 13 中的注释，特别是表述的"市场参与者""一个有序的交易""发生在主要市场或最有优势的市场上的交易""一项资产的最高最佳用途"，从这一注释可以看出，国际财务报告准则下的"公允价值"与 IVS 框架中讨论和定义的"市场价值"概念通常是一致的。因此，在满足会计准则要求的一些特定假设（如账务单元或不考虑销售限制）前提下，IVS 的市场价值在多数应用目的下能够满足 IFRS 13 公允价值计量的要求。

2017 年的第十一版《国际评估准则》中，不再单独设置财务报告目的评估准则项目。其价值类型准则适用于所有目的评估业务，对财务报告目的评估业务也有所考虑。IVS 104 指出，"评估师可以根据法规、监管规则、合同或其他文件要求选择价值类型。这些价值类型必须有定义和相

应的应用。""做一个为在 IFRS 标准下为财务报告目的的评估，为了遵循
IVS 的要求，评估师可能需要选择、使用一个并不在 IVS 定义中列名的或
提到的价值类型。"在规定到底有哪些价值类型时，IVS 104 采取的是自
定义加引用的方式。IVS 定义（defined）的价值类型有：市场价值、市场
租金、公平价值、投资价值、协同价值、清算价值。IVS 列示（men-
tioned）的价值类型有：公允价值（国际财务报告准则）、公允市场价值
（经济合作与发展组织，OECD）、公平市值（美国税务局）、公允价值
（美国示范公司法/加拿大判例法）。对于这些价值类型的使用，IVS 104
指出，"本标准在 90～120 节列示了 IVSC 以外组织定义的价值类型，确信
使用了相关定义是评估师的责任。"显然，在与会计准则计量属性对接方
面，国际评估准则一方面说市场价值和公允价值一致，同时也直接列示了
公允价值，允许其作为评估的价值类型，这是自相矛盾的。

　　我国资产评估准则中《以财务报告为目的的评估指南》修订前第二十
四条规定，"在符合会计准则计量属性规定的条件时，会计准则下的公允
价值一般等同于资产评估准则下的市场价值；会计准则涉及的重置成本或
净重置成本、可变现净值或公允价值减去处置费用的净额、现值或资产预
计未来现金流量的现值等计量属性，可以理解为相对应的评估价值类型。"
2017 年修订后，该指南指出，"执行以财务报告为目的的评估业务，应当
根据会计准则或者相关会计核算与披露的具体要求、评估对象等相关条件
明确价值类型。会计准则规定的计量属性可以理解为相对应的评估价值类
型"。可以看出，我国的财务报告目的评估准则中对评估与会计价值类型
的对接趋于模糊，倾向于直接使用会计计量属性作为价值类型。

　　无论是国际评估准则的做法，还是中国资产评估准则的做法，都没
有正面回应评估价值类型与会计计量属性在专业内涵上到底是什么关
系，两个体系对接的理论基础是什么，都采用的是一种得过且过的态
度。在我国，资产评估和会计是两个不同的行业，各自有自己的理论体
系。进一步加强评估价值类型与会计计量属性的专业内涵对接，对于进
一步促进财务报告目的评估业务规范发展，更好促进评估服务于会计计

量，具有重要意义。

（二）深入研究发展中的动态对接问题

无论是资产评估准则还是会计准则，都处在发展变化中。两个专业体系各自发展，需要在动态中实现协调。但似乎会计准则的发展变化，是不会考虑评估准则的状况的。因此，如何实现良好的动态协商，需要评估界进行精准把握。

当前，会计准则的全球趋同，必然引领财务报告目的评估业务基本专业思路的趋同。而我国未完全采用国际财务报告准则，我国会计准则与国际财务报告准则的趋同是在动态中实现的。而根据国际评估准则理事会的规划，国际评估准则要在 2020 年实现全球采用，即完全按照国际评估准则开展业务。我国的资产评估准则与国际评估准则的趋同也是一个动态的过程。所以，会计与评估两个准则体系目前具有不同的发展步调。为了做好专业对接，国际评估准则的发展、我国财务报告目的评估准则的发展，都要考虑其他准则体系的发展步调，在动态中实现协调。

二、加强资产评估法环境中财务报告目的评估准则研究

2016 年，《资产评估法》发布实施。资产评估法第三条规定："自然人、法人或者其他组织需要确定评估对象价值的，可以自愿委托评估机构评估。涉及国有资产或者公共利益等事项，法律、行政法规规定需要评估的（以下简称法定评估），应当依法委托评估机构评估。"根据这一规定，资产评估分为法定评估和非法定评估。只有涉及国有资产或者公共利益等事项而且法律、行政法规规定需要评估的，才是法定评估。

财务报告目的评估，没有相应的法律和行政行规做出规定，不属于法定评估。即使会计准则中规定需要评估机构参与，但由于会计准则只属于部门规章层次，其规定的评估也不属于法定评估。

由于非法定评估本身是市场行为，委托自愿。因此，此类业务本身波

动较大。而且，从资产评估法实施后的市场发展状况看，非法定评估业务
有改用其他形式的趋势。如一些非法定评估业务，改称为咨询业务，出具
咨询报告。证券市场中一些评估业务，被估值业务侵蚀。

财务报告目的评估领域，也存在这种现象。不以评估机构名义开展的
财务报告目的评估业务会越来越多，评估机构以评估报告以外的其他专业
报告形式提供的财务报告目的服务越来越多。造成这种现象的原因很多，
例如，这种方式下，只要不出具评估报告，或不称为评估业务，执业人员
可以不受评估准则的约束，执业程序较为灵活，也可以脱离行政监管和行
业自律监管。但是，长此以往，会形成以评估报告形式服务会计计量的情
况越来越少，财务报告目的评估准则的地位将受到影响。

以其他专业报告的形式服务会计计量，存在执业无标准、项目无监管
的情况，执业质量难以保障。从维护会计信息质量，保护投资者利益角
度，需要对这种情况予以重视，在相关政策法规中予以解决。

在这种情况下，资产评估行业可以有相应的处理方式。

一是提升准则操作性。加强财务报告目的评估准则技术内容的细化，
及时根据会计准则和评估实践的发展对财务报告目的评估准则进行调整，
凸显专业指导性。使财务报告目的评估准则真正成为引领性操作规范，使
执业人员愿意遵守、主动采用。

二是加强专业服务。及时针对财务报告目的评估领域的专业事项，制
定相应的技术指引，扩展财务报告目的评估技术规范涵盖范围，为评估机
构提供相应评估服务提供支撑。

三是优化业务监管。一种思路是扩展财务报告目的监管范围，只要是
评估机构出具的以财务报告为目的的价值结论报告，都纳入监管范围，避
免出现评估机构以其他名义开展业务逃避监管的情况。另一种思路是在财
务报告目的评估业务监管中，体现服务和促进的作用，以提升业务质量为
主要目标。这也是对于非法定评估业务的普遍态度，需要既拉又打，拉打
适度。

三、进一步明确财务报告目的评估业务范围

目前，国际实务中对财务报告目的评估的业务范围没有清楚的界定。评估界总是想尽量多地扩大业务范围，增加业务量。而会计界也考虑成本等因素刻意限制评估的过多参与，导致财务报告目的评估业务没有明确的业务范围，给业务交流和监管带来了不便。为解决这一问题，促进国际交流，方便监管，建议评估主管部门和行业协会对我国财务报告目的评估业务范围进行明确。财务报告目的评估分为服务企业会计的评估和服务审计的评估。

（一）服务企业会计的评估

服务企业会计的评估，主要是向会计人员提供资产公允价值意见，或在相关业务程序中提供相应的商定服务。财务报告目的评估业务范围有两个方面。一是公允价值估算业务；二是附加业务。从这两个方面对业务范围进行明确，可以很好地划分评估师与会计师的责任。

公允价值估算业务包括初始计量中涉及公允价值的估算，后续计量中涉及公允价值的估算，资产减值测试中公允价值的估算，金融工具公允价值的估算，企业收购价格分配中公允价值的估算等。

附加业务包括资产减值中可收回金额的计算等会计处理系统性工作中除公允价值估算以外的工作内容。这些工作比较零散，没有固定的范围，主要由评估师与会计师协商确定。由于附加业务的不确定特点，评估师在接受业务约定，执行评估业务时，应当对评估工作的业务范围进行明确界定，与会计师达到一致理解，以避免不必要的风险和误解。

（二）服务审计的服务

服务审计的服务主要包括评估师作为专家参与审计程序，提供某一环节的价值计量服务或对企业提供审计资料中的评估报告进行复核。审计程

序中的评估服务，内容和程序没有固定的要求，不同审计程序中差异较大，由评估师和审计师通过适当形式进行约定。

第二节　继续完善我国财务报告目的评估准则

评估准则是理论和实务的结合，是规范评估业务的有效方式。国际上发展较早的评估行业都以评估准则形式指导实务，以评估准则形式对评估实务提出规范化要求已经成为评估行业通行的做法。

一、坚持财务报告目的评估准则在我国评估准则体系中的定位

资产评估法对评估准则的制定作出了规定。行政管理部门制定基本准则，行业协会根据基本准则制定执业准则和职业道德准则。财政部根据资产评估法的精神，构建了我国资产评估准则体系。财政部于 2017 年 8 月发布了修订后的资产评估基本准则。基本准则中规定，中国资产评估协会可以制定资产评估具体准则、评估指南和指导意见。根据这一规定，我国的资产评估准则体系有四个层次，即基本准则、具体准则、指导意见和评估指南。其中评估指南是对特定评估目的、特定资产类别（细化）评估业务以及评估中某些重要事项的规范。指导意见则是针对评估业务中的某些具体问题的指导性文件，一些需要放在具体准则和评估指南层次的准则项目也可先以指导意见形式发布，待实践一段时间成熟后再上升为评估指南或具体准则。

根据评估准则体系的设计，财务报告目的评估准则属于规范特定评估目的的准则项目，放在评估指南层次。财务报告目的评估准则框架中的其他项目，则以指导意见形式发布。

二、加快完善财务报告目的评估准则框架

目前，财务报告目的评估准则框架中，已经建成两个项目。一是包含总体要求的《以财务报告为目的的评估指南》；二是针对投资性房地产的《投资性房地产评估指导意见》。

随着公允价值计量模式应用范围的扩大，财务报告目的评估业务类型也在不断丰富。并购重组经济行为快速增长，由此产生大量合并对价分摊相关的评估业务。金融工具的日渐丰富，金融监管的强化，产生大量金融工具日常价值管理方面的评估需求。因此，在我国财务报告目的评估实务中，不同类型的评估业务也在发展变化，需要根据评估实践的发展及时制定相应的操作指引。

当前，我国财务报告目的评估实务的主要业务类型包括：合并对价分摊、资产减值测试、投资性房地产价值计量、金融工具价值计量、审计程序中的专家工作等。根据这些业务需求，需要制定的准则项目包括：合并对价分摊评估指导意见、资产减值测试评估指导意见、金融工具价值评估指导意见、审计程序中评估专业人员职责指导意见。这些项目建成后，将进一步丰富我国资产评估准则体系中财务报告目的评估准则框架，有力提升资产评估行业服务会计计量的能力。

三、财务报告目的评估准则应当解决的问题

我国评估准则体系需要进一步完善。在具体准则项目的制定中，应当协调满足需求与逻辑严密的关系。在符合准则体例的前提下，具体准则内容建议侧重解决几个主要问题。

1. 价值类型问题

准则中应当明确要求在财务报告目的评估业务中使用的价值类型如何与会计计量属性对接。

2. 解决操作过程中需要特殊考虑的问题

财务报告目的评估业务容易受会计师思路的影响，而且国际上也并不是没有会计师自己确定公允价值的情况。因此，在操作过程中，容易习惯地选择一些企业内部或行业内部的特定参数，导致错误结果。准则中应当对操作过程中需要特殊考虑的问题提出具体指导。

一些具体问题包括：折现率的选择、收益口径的选择、资产组的确定、持续经营前提、评估方法的一致性、评估方法变更时的注意事项等。这些问题中，评估方法的运用问题是关键问题，应当通过资产评估准则，告诉评估师如何运用具体评估方法，使评估师掌握准则后能基本对业务有概括的认识。

3. 解决披露时的特殊问题

主要是当资产或资产组现有用途下的价值不是其公允价值时，评估师应当在评估报告中对这一问题进行披露，并解释评估报告中评估结论与现有用途下资产或资产组价值的区别。

4. 解决附加业务的责任问题

财务报告目的评估业务附加业务量大，附加的业务大多是公允价值估算之外的业务，有些虽然是公允价值评估工作的前提，但其责任却不在评估师。对于这些情况，准则中宜作出提示性安排，防范业务风险。

5. 注重对实践的总结

国际范围内，财务报告目的评估准则中较少设置合并对价分摊等项目，因此制定准则时没有可直接参照的准则。但随着国际会计准则的推广，在财务报告目的评估业务方面，评估行业和会计行业以及咨询行业积累了大量经验。我国可以加强沟通交流，积极借鉴。

第三节 完善财务报告目的评估相关制度

财务报告目的评估的规范发展，需要相应的制度做保障。当前，我国的财务报告目的评估业务的开展，更多的是评估行业的主动作为，而缺乏制度的推力。

一、建立会计审计评估的专业分工机制

在财务报告目的评估中，评估、会计和审计作为上下游的专业服务分别为企业提供服务。合理界定三者责任有助于各自职能的有效发挥。

中国对于专业服务的管理，通常有较为严格的法律或法规基础，行业管理中行政管理占有较突出的位置。这与境外许多经济体的做法不同。境外许多专业服务的管理，以行业自律管理为主，业务管理则由市场监管部门进行监督检查。不同的管理方式，对于清晰界定专业界限，合理设置专业分工，具有不同的效力。

如果评估师参与公允价值的估算，则必须先明确评估师在这一过程中需要承担什么样的责任。

就像审计业务中区分会计责任和审计责任一样，评估业务中同样存在责任划分问题。但这一责任的划分，被多年来国有资产评估管理的行政方式冲淡了，在公众眼中，甚至政府管理部门和评估行业眼中，评估就是定价，评估结论就是交易价格。这种认识严重扭曲了评估服务的本质，加大了评估行业的责任，给行业带来了潜在风险。

（一）对评估师执业性质的认识

从本质上说评估服务只是一种咨询服务，评估师的意见是专业人士的一种专业意见。评估结论提交委托方和报告使用方后，由委托方和报告使用方据以作出决策。在这个过程中，评估结论的使用与否、如何使用，全部由委托方和报告使用方自主决定。委托方和报告使用方为自己的决定负责。举例说，一项资产的买卖中，评估师提供资产价值的专业意见，委托方和报告使用方根据评估结论和自己对交易具体情况的判断，最终决定交易价格。这个过程中，评估师为评估结论负责，是承担评估责任。委托方

和报告使用者为交易价格负责，承担决策责任。交易价格受委托方和报告
使用者对交易情况的判断、交易时间、谈判技巧等因素的影响，不必然与
评估结论存在相等关系，委托方和报告使用者不能以交易价格与评估结论
存在差异为由追究评估师的责任。

　　长期以来，我国评估界关于评估师对所出具的评估报告和评估结论承
担什么责任有着不同的认识。有一些评估师和评估机构认为当前国家有关
评估的法律、法规不健全，对评估师的责任也缺乏全面的界定，因此很难
追究评估师的法律责任。在实践中，也出现一些评估师和评估机构，通过
滥用评估假设、滥用特别事项说明等方式推卸其应当承担的责任。这种做
法严重损害了评估行业的形象和公共利益。评估作为一种专业服务的合同
行为，评估师作为专业服务的提供者，应当根据国家法律、法规和评估准
则的要求，为客户提供满意的评估服务，并对所提供评估结论的合理性承
担责任，而不能将评估师本身应当承担的责任予以推卸。在强调评估师应
当对评估结论合理性承担责任的同时，也不应当将这种责任无限扩大。评
估是评估师对评估对象在评估基准日特定目的下价值发表专业意见，评估
师应当而且也只能对该专业意见的合理性承担责任，而不可能对评估结论
及相关决策行为提供保证。然而由于评估的专业性和复杂性，社会各界对
资产评估作用缺乏统一的认识，评估师对评估结论所承担的责任往往被夸
大。美国审计总署（GAO）在 2003 年 5 月提交国会的一份关于金融资产
评估业务的调查报告中就指出："评估是一种用于促进资产交易的决策工
具之一。……消费者通常错误地认为评估是为了确定目标资产的购买价
格。"① 可见，对评估的作用和评估师的责任在世界各国范围内都存在一
定的误解。而在我国，由于我国评估行业发展的特殊性，这种要求评估结
论与成交价格、处置价格等一致或用成交价格作为评估结论简单评价标准
的做法更为普遍。在相当程度上，很多人认为评估师所评估的价值结论应

---

　　① 中国资产评估协会编译．监管计划——加强不动产评估业监管的机会［M］．北京：经济
科学出版社，2004.

当与成交价格完全一致，在实践中许多经济行为的决策也基本上简单地依照评估结论。在这种情况下，评估师就被认为对评估结论的准确性等负责，所谓准确性就是是否与成交价格或处置价格一致或吻合。这种认识是对评估专业服务的误解，在理论和实践上都是有害的。资产评估准则中规定，评估结论不应当被认为是对评估对象可实现价格的保证。这些规定都是对评估责任的清晰规定。

(二) 财务报告目的评估中的责任体系设计

在由公允价值估算引起的财务报告目的评估中，会计责任和评估责任的划分尚不清楚，评估师发挥作用所带来的风险尚未得到足够重视。

在财务报告目的评估中，评估师对公司资产进行评估，公司会计师根据评估结果进行账务处理，审计师根据评估报告和企业会计师的处理发表审计意见，彼此之间形成相互合作、相互依赖、相互制约的专业合作关系，不仅有效地保证了会计准则的执行和财务报告的真实性，也有效地界定了各自的专业责任和法律风险。评估师提出的公允价值意见，是会计师记账的重要参考，评估师提交给会计师后承担评估结论合理性的评估责任。会计师应当对评估师的公允价值意见分析后作为记账依据，并承担计量和披露的会计责任。同时在财务报告编制报出的过程中，审计师对公允价值承担程序性复核的审计责任。这样，在公允价值的运用中，会计信息的责任体系发生了变化，由以往的会计责任和审计责任的二元责任体系，发展成为由会计责任、评估责任和审计责任构成的三元责任体系。其关系可用图 6-1 表示。

关于审计责任，中国注册会计师协会发布的《公允价值计量和披露审计准则》中没有予以定位。从准则的前提来看，准则认为公允价值的估算是管理层的责任，叙述中也意指公允价值由企业自己确定。准则中指出："注册会计师实施的与公允价值计量和披露相关的实质性程序可能包括下列事项：对公允价值进行独立估计，以印证其计量是否适当""对于被审

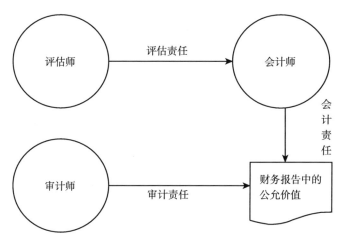

图6-1 财务报告目的评估责任体系

计单位使用估值模型进行公允价值计量的项目，注册会计师的判断并不能替代管理层的判断；但注册会计师应当复核该估值模型，并评价该模型是否恰当以及使用的假设是否合理""注册会计师执行的审计程序可能包括验证数据的来源、重新计算、复核数据的内在一贯性等""注册会计师可以对公允价值进行独立估值，以印证被审计单位的公允价值计量结果"。这些表述中的"独立估计""复核估值模型""重新计算""独立估值"等表述事实上扩大了审计师自身责任。其实，从责任划分和专业能力分工的角度，审计师所要做的，可以是对评估师的专业资格进行关注，对评估师的独立性进行关注，没必要去复核评估师的评估模型。

二、建立会计、审计和评估等各方的协调机制

（一）建立和完善监管层面多层次、多渠道的沟通体系

财务报告目的评估业务方兴未艾，甚至评估行业在其中的定位也并不坚固。为促进社会成本最小化，构建合理的监管体系，各相关行业的分工协作是必要的。但成本最小化需要对利益格局进行调整，因此并不是水到

渠成的事情。

财务报告目的评估业务中涉及的监管体系包括会计政策制定者、评估行业管理者、上市公司监管者、审计行业管理者等方面。相关各方的沟通对于促进财务报告目的评估健康发展非常重要。建议评估主管部门和行业协会与监管层面做好以下协调：

（1）加大与会计准则制定部门和上市公司监管部门的沟通，力争从政策层面引导上市公司正确分析自身的专业能力和独立性，要求或鼓励公司聘请外部评估师进行评估。目前，会计准则制定和上市公司监管部门对这一问题没有足够的重视，在公允价值的估算方面，仍有自给自足的想法。认为只在公允价值中的第三层次与评估工作的关系更加密切，公允价值的估算仍首先是会计师的事情，评估师只在第三个层次才"有可能"参与进去。这些想法的扭转需要评估行业主动进行协调。

（2）加大与会计准则制定部门和上市公司监管部门和审计准则制定部门的沟通，强化审计师的独立性，争取出台类似于上市评估和国有资产评估业务中不能由一家同时做审计和评估的规定，至少应当限制或不鼓励这种做法。

香港的审计专家梁国基在 2006 年 3 月"国际会计准则对资产评估和财务报告影响国际研讨会"上的发言较好地阐述了评估、会计与审计的关系："一般大型的会计师事务所都有自己的资产评估方面的专家，如在资产合并方面的专家，减值准备、金融工具、精算等方面的专家。我们有专门部门做企业合并和减值准备的评估业务，虽然有这些专家，但审计的过程中我们是不能为客户进行评估的，这是由于独立性原则的问题。基于这一原则，虽然我们有专家，但我们不会自己做评估。一般我们会要求客户先提供评估的结果，然后我们对这个结果进行审计。客户会请专业的评估师进行评估，对于这样的专业评估我们会从审计的角度给予评价。有两个审计准则是关于公允价值的，一个是对公允价值的审计，另一个是对衍生工具的审计，由于这两个准则是针对整个公允价值的审计，所以对被审计单位较为适用。另外还有一个利用专家工作的审计准则。所指的专家也包括评估专家。该审计准则要求，当我们要利用专家的工作时，审计人员要评价评估专家的专业胜任能力和客观性，审计人员并且需要和评估专家交流，以确定评估目的，以及评估过程中采用的方法和假设，是否合理，对所采用的数据也需要进行测试。对于有些复杂的如期权等方面的评估，我们了解这些评估专家的工作时一般都要利用我们事务所内部的专家，让他们和客户所聘用的评估专家进行沟通"。

（3）加大与上市公司监管部门和审计准则制定部门的沟通，引导审计师在审计中重视审计风险，形成鼓励或要求公司聘请外部评估师的氛围。同时在审计准则中指导审计师合理判断评估师的价值意见，合理认识评估师作为专家在公允价值确定方面的作用。

（二）建立会计、审计、评估的互信、互助和互动关系

监管层面的问题沟通后，会计、审计和评估三者还需要互信、互助和互动，在互相尊重的基础上及时协调和解决业务冲突。

国内上市公司的理性程度和市场化程度正在进一步提升，对项目的复杂性和重要性考虑有时不周全，有可能会为节约评估费用由公司进行自己评估，特别是八项计提所形成的惯例已经给公司形成了可以自己做评估的认识。披露效果对公司聘请独立评估师的影响程度目前无法估计，特别是由于实践中部分评估机构的不当评估，国内上市公司聘请独立评估师与公司披露效果两者之间未必呈现正相关关系。国内审计师和审计行业的独立性要求不高，国内会计师事务所为审计客户提供评估服务的法律限制并不明确，有可能会大量出现会计师事务所替公司做财务报告目的评估业务的现象，理由是他们更熟悉会计准则，这样即使公司不自己做财务报告目的评估，审计也可能会近水楼台垄断这一市场。国内审计师对评估的认知程度和风险转移控制的意识不强，未必会像"四大"那样为减少审计风险，要求公司聘请独立评估师。因此，我国评估行业能否获得这一市场，不仅取决于相关政策规定和会计、审计对评估的重视程度，还在一定意义上取决于公司的理性程度和审计师的独立性。另外国内评估行业的成熟程度，

特别是评估师对新会计准则、审计准则的熟悉程度也会成为评估机构能否获得会计目的评估市场的考虑因素之一。因此，我们需要加强三者关系的相关协调，使相关各方理解评估行业介入公允价值估算并不是利益驱使，而是发展的需要，不但有助于公允价值的可靠计量，而且有助于合理分配责任。具体建议如下：

（1）加大评估行业内部对会计准则的培训力度，培养一批熟悉新会计准则和国际会计准则的评估师，树立评估师良好的执业形象。

（2）加强对国外和香港评估与会计合作的研究和宣传，让会计界、审计界了解境外的做法和评估师的作用。

（3）建立会计、审计、评估主管部门的日常沟通机制，及时解决可能发生的实务问题，协调相互关系。

三、推动相关规范中对财务报告目的评估准则的认可

对分工的认可，是对服务的认可。对服务的认可，来自对质量的认可。质量则靠标准来保障。

（一）相关部门认可评估准则有许多先例

资产评估发展过程中，资产评估准则体系和许多准则项目都得到相关方面的认可，有力保障了资产评估专业功能的发挥。例如，资产评估准则体系于 2007 年发布后，国资委、证监会、审计署等部门对准则体系的作用给予较高评价。在特定准则项目方面，一些部门也作为工作基础。《财政部　银监会关于规范资产管理公司不良资产处置中资产评估工作的通知》中要求，资产评估机构和注册资产评估师在执行不良资产评估业务过程中，要严格遵守中国资产评估协会发布的《金融不良资产评估指导意见》，规范不良资产评估执业行为。《财政部、国家知识产权局关于加强知识产权资产评估管理工作若干问题的通知》中要求，资产评估机构从事知识产权评估业务时，应当严格遵循有关的资产评估准则和规范。国务院

国有资产监督管理委员会令第 12 号《企业国有资产评估管理暂行办法》中要求，评估报告审核时，对评估过程的审核要看是否符合相关评估准则的规定。财政部、国家林业局发布的《森林资源资产评估管理暂行规定》中要求，森林资源资产评估的具体操作程序和方法，遵照资产评估准则及相关技术规范的要求执行。《关于推动国有文化企业把社会效益放在首位、实现社会效益和经济效益相统一的指导意见》要求制定《文化企业无形资产评估指导意见》并贯彻落实。

（二）会计准则的贯彻落实需要加强对评估准则的管理

《会计法》规定，财政部门对各单位的会计核算是否符合本法和国家统一的会计制度的规定情况实施监督。会计核算中，利用评估师提供的服务时，如何判断评估师的服务质量，需要有明确的标准。财政部门对会计核算进行监督，也需要检查会计核算中利用的评估服务是否依据了公认的标准。因此，以适当的形式，要求企业使用评估服务时遵守评估准则，是加强会计监督的重要手段。

在财务报告目的评估领域，可以借鉴相关部门认可评估准则的做法，由财政部、证监会等部门发布相应的政策文件，对财务报告目的评估准则的应用做出规定。

实践中，由于没有明确的经认可的评价标准，已经在财务报告目的评估实务中造成一定的混乱。监管者难以判断评估服务的质量。特别是在多种专业力量共同提供财务报告目的评估服务的情况下，更需要明确的执业标准。

中国资产评估协会制定的财务报告目的评估准则，已经实现国际趋同，完全可以满足会计核算需要。

2018 年 9 月，中国证券业协会为配合财政部修订的《企业会计准则第 22 号——金融工具确认和计量》《企业会计准则第 23 号——金融资产转移》《企业会计准则第 24 号——套期会计》等新金融工具准则的实施，指导证券公司科学、合理地对金融工具进行估值和减值，制定了《证券公司金融工具估值指引》《非上市公司股权估值指引》《证券公司金融工具减值指引》。这一做法正说明在财务报告目的评估方面，需要有明确的执业标准。但是，具体的路径中可以加强合作。

（三）审计管理中需要专家提供明确的执业标准

在审计师利用专家工作时，需要对专家工作遵循的准则提出要求。根据审计利用专家工作的要求，审计师需要对专家的工作程序和遵循的标准进行分析，据以判断专家工作的可靠性。如果审计准则或审计师工作流程中对评估准则予以认可，则会促进财务报告目的评估准则的实施，有利于保证评估服务质量。

参 考 文 献

［1］常勋. 公允价值计量研究［J］. 财会月刊，2004（3）.

［2］陈工，袁星侯. 财政支出管理与绩效评价［M］. 北京：中国财政经济出版社，2007.

［3］陈工. 公共财政对于工业投资的效应分析［J］. 财政研究，2011（5）.

［4］陈工. 基于随机前沿的中国地方税收征管效率分析［J］. 税务研究，2009（6）.

［5］陈工，赖伟文. 我国社会养老保险融资问题研究［M］. 北京：中国财政经济出版社，2010.

［6］陈美华. 公允价值计量基础研究［M］. 北京：中国财政经济出版社，2006.

［7］陈明海. 对评估准则制定工作的新思考［J］. 国有资产管理，2006（10）.

［8］陈明海. 浅议评估程序的规范化［J］. 中国资产评估，2006（7）.

［9］陈谦，徐钊. 试论价值和资产评估价值［M］//刘玉平. 资产评估准则研究. 北京：中国财政经济出版社，2002.

［10］陈毓圭. 公允价值会计［D］. 财政部财政科学研究所学位论文，2002.

［11］迟雪莹. 负债公允价值及评估［J］. 西安财经学院学报，2004（4）.

［12］董静. 论会计计量属性的公允价值趋势［D］. 上海财经大学学

位论文，2002.

　　[13] 董力为. 债务计量的现行研究及应用的局限性 [J]. 会计研究，2003（11）.

　　[14] 鄞强. 论资产评估与会计的关系 [EB/OL]. 中华会计网校，www.chinaacc.com.

　　[15] 葛家澍. 关于会计计量的新属性——公允价值 [J]. 上海会计，2001（1）.

　　[16] 郭建国，李丹，夏笠钧. 我国资信评估业发展中存在的问题及对策 [J]. 学术交流，2003（4）.

　　[17] 韩立英. 中国资产评估准则及其与国际评估准则的比较 [J]. 国有资产管理，2011（12）.

　　[18] 胡国强，杨婷. 论公允价值和计量属性的关系 [J]. 山东经济，2001（11）.

　　[19] 黄世忠. 公允价值会计：面向21世纪的计量模式 [J]. 会计研究，1997（12）.

　　[20] 黄学敏. 公允价值：理论内涵与准则运用 [J]. 会计研究，2004（6）.

　　[21] 纪益成. 国外 AVM 技术在批量评估方法中的应用 [J]. 中国资产评估，2006（3）.

　　[22] 纪益成. 再论税基评估有关问题 [J]. 中国资产评估，2005（7）.

　　[23] 纪益成. 资产评估综合操作实务 [M]. 北京：中国财政经济出版社，2002.

　　[24] 纪益成，傅传锐. 批量评估：从价税的税基评估方法 [J]. 中国资产评估，2005（11）.

　　[25] 纪益成，张文宪. 关于制定中国资产评估准则的思考 [J]. 中国资产评估，2002（5）.

　　[26] 姜楠. 资产评估 [M]. 大连：东北财经大学出版社，2004.

[27] 李敏，陈龙，潘向阳．收益法评估 [M]．上海：立信会计出版社，2003．

[28] 刘刚．公允价值计量综述 [J]．财会通讯，2004 (2)．

[29] 刘萍，韩立英，纪益成．全国高等院校资产评估专业教材：中外资产评估准则 [M]．北京：中国财政经济出版社，2015．

[30] 刘维．历史成本和公允价值并重——面向未来的二维会计计量模式 [D]．厦门大学学位论文，1998．

[31] 刘玉平．资产评估准则研究 [M]．北京：中国财政经济出版社，2002．

[32] 毛新述，戴德明，姚淑瑜．资产减值会计计量问题研究 [J]．会计研究，2005 (10)．

[33] 牛彦秀．关于公允价值计量属性的研究 [D]．东北财经大学学位论文，2002．

[34] 庞海涛．资产评估价值理论及其在中国的应用 [J]．财务与会计，2003 (5)．

[35] 邱华炳，纪益成，刘晔．土地评估 [M]．北京：中国财政经济出版社，2003．

[36] 任世驰，陈炳辉．公允价值会计研究 [J]．财经理论与实践，2005 (1)．

[37] 石本仁，赖红宁．公允价值会计——理论基础与现实选择 [J]．暨南学报 (哲学社会科学版)，2001 (4)．

[38] 孙敏．中国利率市场化的现状、难点与对策 [J]．学术探索，2004 (7)．

[39] 谭军．会计计量属性选择研究——兼论公允价值会计 [D]．厦门大学学位论文，1998．

[40] 汤湘希，李国强．论资产计量与资产评估的关系——兼对公允价值的评析 [J]．湖北财税，2002 (1)．

[41] 汪海粟．资产评估 [M]．北京：高等教育出版社，2003．

[42] 汪平. 财务估价论 [M]. 上海：上海财经大学出版社，2000.

[43] 汪祥耀. 国际会计准则与财务报告准则研究与比较 [M]. 上海：立信会计出版社，2004.

[44] 王诚军. 论资产评估中的市场价值 [J]. 中国资产评估，2002 (1).

[45] 王诚军，陈明海. 全面认识价值类型的作用——国外评估届关于价值类型理论等问题论述的启发 [J]. 中国资产评估，2002 (5).

[46] 王刚. 试论价值、价格与资产评估值 [J]. 中国资产评估，2001 (5).

[47] 王军. 国际财务报告准则2004 [M]. 北京：中国财政经济出版社，2005.

[48] 王乐锦. 我国新会计准则中公允价值的运用 [J]. 会计研究，2006 (5).

[49] 伍中信，吴战篪. 在会计理论基础上构建资产评估理论体系 [EB/OL]. 中华会计网校，www.chinaacc.com.

[50] 谢诗芬. 公允价值：国际会计前沿问题研究 [M]. 湖南：湖南人民出版社，2004.

[51] 谢诗芬. 会计计量的现值研究 [M]. 成都：西南财经大学出版社，2001.

[52] 薛玉娟. 关于公允价值计量的几点看法 [J]. 山西财经大学学报，2002 (5).

[53] 晏智杰. 劳动价值学说新探 [M]. 北京：北京大学出版社，2001.

[54] 杨青. 对公允价值计量属性若干问题的探讨 [D]. 江西财经大学学位论文，2003.

[55] 于永生. 公允价值会计理论比较研究 [J]. 财会研究，2005 (6).

[56] 袁征，姚列保. 资产评估与会计工作关系的剖析 [EB/OL]. 中

华会计网校，www. chinaacc. com.

[57] 张国春. 贯彻资产评估法完善资产评估准则 [EB/OL]. 中国资产评估协会，www. cas. org. cn.

[58] 张国春. 宏观与国际视野下的中国资产评估 [M]. 北京：经济科学出版社，2016.

[59] 张国春. 资产评估行业面临的形势和任务 [EB/OL]. 人大商学院，www. rmbs. ruc. edu. cn.

[60] 张洁，罗殿英. 公允价值的计量方法及其可靠性 [J]. 经济师，2005 (2).

[61] 张莉. 公允价值本质刍探 [J]. 金融会计，2006 (7).

[62] 张为国，赵宇龙. 会计计量、公允价值与现值——FASB 第 7 辑财务会计概念公告概览 [J]. 会计研究，2000 (5).

[63] 张燕敏，王诚军译. 专业评估执业统一准则 [M]. 北京：经济科学出版社，1998.

[64] 郑炳南，刘永清. 论资产评估结果——关于公允市价、价值、价格的思考 [J]. 暨南学报，2000 (5).

[65] 中国资产评估协会.《国有资产评估报告指南》讲解 [M]. 北京：中国财政经济出版社，2010.

[66] 中国资产评估协会.《利用专家工作、森林资源资产评估准则》讲解 [M]. 北京：经济科学出版社，2014.

[67] 中国资产评估协会.《企业价值、著作权、商标、实务期权评估准则》讲解 [M]. 北京：经济科学出版社，2013.

[68] 中国资产评估协会.《以财务报表为目的的评估指南（试行）》讲解 [M]. 北京：经济科学出版社，2008.

[69] 中国资产评估协会.《资产评估价值类型指导意见》讲解 [M]. 北京：经济科学出版社，2008.

[70] 中国资产评估协会.《资产评估准则——不动产》讲解 [M]. 北京：经济科学出版社，2008.

[71] 中国资产评估协会.《资产评估准则——工作底稿》讲解 [M].北京：经济科学出版社，2008.

[72] 中国资产评估协会.《资产评估准则——机器设备》讲解 [M].北京：经济科学出版社，2008.

[73] 中国资产评估协会.《资产评估准则——评估报告》讲解 [M].北京：经济科学出版社，2008.

[74] 中国资产评估协会.《资产评估准则——评估程序》讲解 [M].北京：经济科学出版社，2008.

[75] 中国资产评估协会.《资产评估准则——无形资产》和《专利资产评估指导意见》讲解 [M].北京：中国财政经济出版社，2010.

[76] 中国资产评估协会.《资产评估准则——业务约定书》讲解 [M].北京：经济科学出版社，2008.

[77] 中国资产评估协会.国际评估准则2017 [M].北京：经济科学出版社，2017.

[78] 中国资产评估协会.金融不良资产评估指导意见（试行）讲解 [M].北京：经济科学出版社，2005.

[79] 中国资产评估协会.企业价值评估指导意见（试行）讲解 [M].北京：经济科学出版社，2005.

[80] 中国资产评估协会.无形资产评估准则释义 [M].北京：经济科学出版社，2001.

[81] 中国资产评估协会.中国资产评估准则2017 [M].北京：经济科学出版社，2017.

[82] 中国资产评估协会.中国资产评估准则体系发布会系列活动文集 [M].北京：经济科学出版社，2008.

[83] 中国资产评估协会.资产评估基本准则释义 [M].北京：机械工业出版社，2004.

[84] 中国资产评估协会译.国际评估准则 [M].北京：中国财政经济出版社，1999.

［85］中国资产评估协会组织翻译. 监管计划：加强不动产评估业监管的机会［M］. 北京：经济科学出版社，2004.

［86］周叔敏. 国外资产评估价值类型实用性分析［J］. 中国资产评估，2002（2）.

［87］朱小平，马钟锋. 试论负债的计量［J］. 财会月刊，2003（5）.

［88］Anne Beatty. How Does Changing Measurement Change Management Behavior? A Review of the Evidence［R］. Ohio State University（OSU）：Department of Accounting & Management Information Systems，2007.

［89］Australian Property Institute. Professional Practice［M］. Wiley – Blackwell/Wiley – VCH Verlag GmbH & Co. KGaA，2010.

［90］Stephen Obock. IFRS 13 – Fair Value Measurement［R］. Financial Reporting Workshop，2017.

［91］Congress，Brian Gibson，Spencer Cotton. Introduction to Financial Reporting［R］. CICBV，2018.

［92］Kashyap K. Budhbhatti，Hitesh Borad. 机器设备减值评估［J］. 资产评估研究资料，2006（1）.

［93］The European Group of Valuer's Associations. European Valuation Standards，Fifth Edition［M］. Gillis NV/SA，2016.

［94］Michael J. Mard，James R. Hitchner，Steven D. Hyden. Valuation for financial reporting. second edition［M］. John Wiley & Sons，Inc，2007.